自分らしさを言葉にのせる

売れ続けるネット文章講座

著 コピーライター さわらぎ寛子

ぱる出版

はじめに

低価格で良質のものが店舗やネット上にあふれ、
SNSで誰もが発信者になれる時代になりました。
もう、今までのように「モノの良さ」を語って売れる時代ではないのです。

個人の時代と言われて久しく、起業・副業する人が増え、
「買いたい人」よりも「売りたい人」がSNSにひしめき合っています。

商品・サービスの良さをあの手この手で伝えても、
「どうせ広告でしょ?」とスルーされ、
同じような商品・サービスを売るために起業した人たちが、
「差別化」ができなくて苦戦しています。

そんな中、強いのは、「モノの良さ」で売るよりも、

「この人が売っているものなら何でも欲しい」と「人で選ばれる」個人や企業です。
「もの」を売るよりも「人」で売れる方が強いのです。

個人も企業も等しく発信できるようになり、
大企業のようにお金をかけなくても、
小さな会社でも個人でも自分のブランドをつくることが可能になりました。
企業と個人の垣根がなくなり、
顧客は「モノを売る相手」ではなく、
自分というブランドの「ファン」であり、
ブランドを育てていく「仲間」であり、
購入後もゆるくつながる「コミュニティの一員」へと変化しています。
5年前とは、売り方も買い方も変わってきているのです。

なのに、文章やキャッチコピーは、
「売ろう」「こう書けば売れる」という意図が透けて見えるものばかり。

「自分の人間性で売ろう」「モノではなくブランドで売ろう」と提唱する人はいますが、その方法を具体的に教えてくれる人はいません。
「ストーリーを語れば売れる」と言われても、
他人の「自分語り」に興味を持つ人はいないし、
自分の生い立ちを熱く語っても
よっぽど天才的に文才がある人か、もともとの有名人じゃないと
誰も読んではくれません。

じゃあ、誰に、何を、どう書くか？

はじめまして。コピーライターのさわらぎ寛子です。
私は、個人事業主や起業家、副業をしている人やこれから何かを始めたい人向けに
「自分の価値を言葉にすることで自分だけの仕事をつくる」講座をしています。
また、企業の広報担当者や営業、企画の方向けに「価値を言葉にする」研修も行っています。

会社に頼って生きられる時代が終わり、個の時代だ、副業だ、と言われています。

会社員でも「○○社の○○さん」ではなく「自分の名前」で仕事をし、会社の枠を超えてプロジェクト単位で働く人が増えています。

自分のこれまでの経験を生かして仕事にしたい、集客力をつけ売上を上げたい、本業以外にも収入が欲しい、という人がまず考えるのが「情報発信」ではないでしょうか。


「自分を発信して影響力をつけよう」

そう思った人たちが、SNSにはあふれています。

経営者や、企業の広報担当者の方々も「SNSを使って認知度アップだ」「とりあえずSNSをやらなきゃ」と取り組んでいます。

でも、多くの人が「何をどう使うか」というツールの話に終始しています。

ユーチューブはやった方がいいですか？

インスタグラムはどうですか？

LINEとメルマガどっちがいいですか？

新しいツールが出るたびに振り回され、「フォロワー1万人になる方法」や「ブログで選ばれる文章の書き方」という1つの点だけを見ているためにうまくいきません。

「うまくいっている人」をマネする人がどんどん増殖して、右も左も同じような文章で、同じようなプロフィールを書いている人ばかりになっています。


私が講座や研修で毎月100名近くの人の相談に乗っていて思うのは、「売れる法則に振り回されて、みんな同じに見える」ということです。


同業者と差別化できない、何を書いてもありきたりの文章になってしまう。

「こう書けば売れる」と誰かが決めたテンプレ的な文章ばかり。

それではもったいないのです。

みんな「うまく書こう」としすぎ。

「うまくまとめなきゃ」「ズバッと一言で言わなきゃ」「結論から書かなきゃ」「役立つことを発信しなきゃ」と思いすぎて、何も書けなくなってしまう人が多いのです。

「テンプレートや法則に当てはめれば売れる」と言われても、そこに当てはめる言葉自体がありきたりだと、ありきたりな文章しか書けません。

語彙力を増やせと言われても、自分と関連性のない言葉をいくら増やしても、自分の思いは語れないのです。

人に好感を持ってもらい、人を動かす文章を書くのに必要なのは、

ズバッと短く言うことでも、うまくまとめることでもなく、「らしさ」を伝えることです。

この本では、「言葉に人間性を載せる」ことで、「自分という人間で選ばれる方法」をお伝えします。

広告がスルーされる時代に「こう書けば売れる」と狙った文章では信頼されません。

じゃあ何をどう書くか。これが新しい時代の言葉と文章のつくり方です。

第2章 自分にしか書けないことを見つける

第3章 自分の言葉をつくる

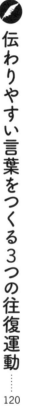

第4章 日々の出来事をすべてコンテンツにする

第1章

ネットで売れる文章が変わってきた

モノの価値ではなく「人の価値観」で売る時代がやってきた

この本は、発信力を強めたいすべての人に向けて書きました。

個人事業主や起業家、サロンやショップのオーナー、SNSやネットを使って自社のブランディングをしたい経営者や広報担当者を主に想定しています。まだ何をしたいか決まっていないけれど何者かになりたい人、会社の中で影響力を強めたいビジネスパーソンや、就職活動中の方にも役立つ内容です。

コピーライターが書いた文章の書き方の本ですが、「この一言でクリックされる」「こう書けばバズる」と言ったテクニック本ではありません。**短期的な売上アップを狙うのではなく、長く信頼され、ずっと売れ続ける人になるための文章の書き方**の本です。

この本でおすすめしているのは、自分の人間性を文章に載せることで、**一時的に売れる人ではなく、お客様に長く愛される人や会社になりましょう**ということです。

人間性を伝えると「長く付き合えるお客様」に出会える

個人や企業の人間性（価値観や大事にしていること）をしっかりと伝えていくことで、はじめから「長く付き合えるお客様」だけが来てくれるようになります。人間性を出さずに、とにかく誰でもいいから買って、とにかく数を集めたいというような発信をしていると、一時的な集客や売上にはつながりますが「そんなつもりじゃなかった」「思っていたほど良くなかった」となり、お客様が離れていきます。そうなれば、また一から集客のやり直し。いつまでたっても集客に悩まされるのです。

様々なSNSを使って情報発信をする人が増えていますが、「とにかく毎日ブログを書こう」とか「ツイッターでフォロワーが1万人になる方法」とか「インスタを活用して自分らしい仕事をつくる」など、断片的な情報が多いのが現状です。誰かの成功法則も、個人のシンデレラストーリーでは再現性がありません。

私は10年間、自分の仕事の価値を自分で伝えたい人のための講座やセミナーをしてきました。その中で感じていることは、**「人間性」を感じる文章を書ける人が強い、ということです。個人でも、会社の代表でも、「この商品・サービスを売りたい」という気持ちが透けて見える文章ではなく、その人の「人間性」が見える文章に人は惹かれる**ということです。とくにこの1、2年でその傾向は顕著に感じるようになりました。SNSはガラス張りの世界。表面だけいいことを言っていても裏が透けて見えています。

人がモノを買うときの2つのパターン

情報があふれている現代、モノを買うときには、大きく分けて2つのパターンがあります。

1つは、価格やスペックを比較して、少しでもいいもの、少しでも安いものを買うパターン。

2つめは、その人やブランドが好きだから、値段も詳細も確認せずに買うパターンです。

人間性が見えないブランドは1になるしかなく、スペック競争、価格競争に陥ってしまいます。同じような機能で安いものが出てきた瞬間、お客様がそちらに流れてしまう可能性が高いのです。

これからの時代に目指すべきは間違いなく2です。そして、2のような状態は、誰でもお金をかけずにSNSを使ってつくることができます。

ポイントは「何をどう使うか」ではなくて、「何をどう書くか」です。**みんなが同じようなツールを使って、ツールの使い方で競っているときに、「売れ続ける文章の書き方」を身につけた人だけが抜きんでることができます。**

人間性で選ばれるというのは、昔からあるビジネスの基本でもあります。たとえば保険や車などの高額セールスをする人は「この人から買いたい」と人で選ばれる典型。カリスマ店員や予備校の人気講師も人にお客様が付いている例です。ある程度質の高いものがあふれ、スペックや価格で競争するのがますます難しくなってきている現代に、選ばれるには「人間性」を出していくしかないのです。

では、どうすれば「人間性で選ばれる人」になるか。それを文章の書き方という面から紐解いていくのがこの本です。

ネットで売れる人になるというと、「思わずクリックされる言葉のつくり方」や「バズる記事の書き方」を想定されるかもしれません。でもそれは逆効果です。

思わずクリックされるキャッチコピーで、その商品を実際以上に大きく見せることはできます。でもそれで「その気にさせられて思わず買っちゃったけどいらなかった」ということになれば、ブランドとしては失敗です。

もう**昔のように「買ってもらうこと」がゴールではない**のです。

人口が縮小化し、人々の購買意欲も落ちていると言われる現代、大事なのは、「1人のお客様と長く付き合うこと」です。

時代は変わってきています。文章も変えるべきタイミングなのです。

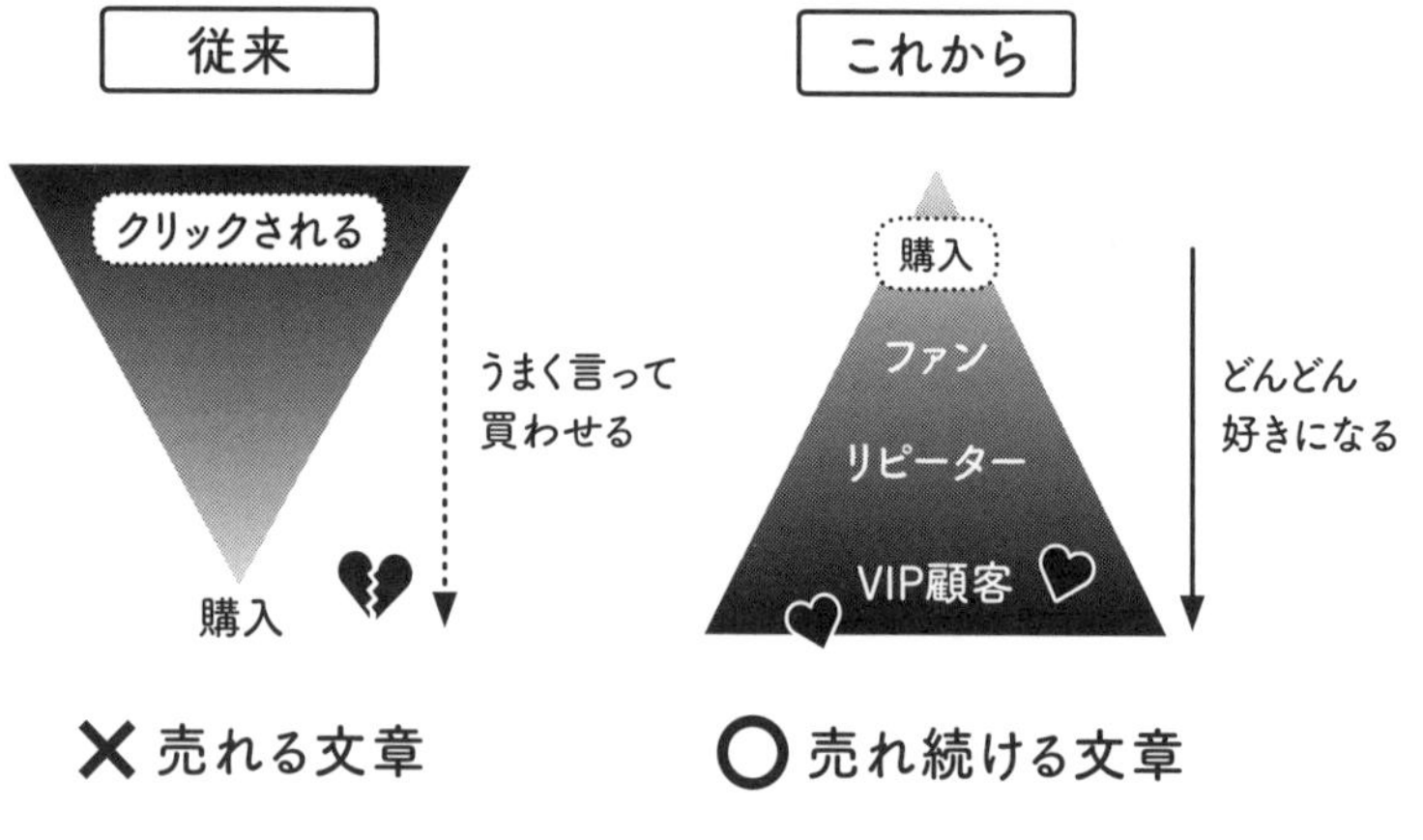

従来
クリックされる
うまく言って
買わせる
購入
×売れる文章
これから
購入
ファン
リピーター
VIP顧客
どんどん
好きになる
○売れ続ける文章

SNSは、売り場ではない

SNSを購買や集客につなげたい企業や個人が増えていますが、まだまだ多くの人がSNSを「販促ツール」「集客マシーン」だと思っています。SNSで商品を紹介すれば売れるというのは間違いです。SNSは顧客との関係性をつくる場所。「売り場」ではないのです。

図1は、SNSを使った集客の仕組みです。ネットで集客、販売をしていくには、3つのSTEPがあります。

STEP 1　見つける

まずは自分の存在を知ってもらうこと。そこで使えるのがSNSです。ツイッター、フェイスブック、インスタグラムなど。何を選ぶかは、自分のターゲットが何を見ているかと、自分に向いているのはどれか、で決めればいいのでしょう。自分を知ってもらう窓口は多い方がいいですが、すべてをやる必要はありません。

STEP 2 ファンになる

ＳＮＳの投稿はフィード上を流れていくものです。気になる人をフォローしても、その他多くの投稿の中に埋もれます。ＳＮＳでフォローしてくれただけでは、まだ関係性は薄い。そこで繰り返し見てもらうためのメディアとして有効なのが、ブログやユーチューブです。ブログやユーチューブのポイントは、一度気に入ったら、過去記事・動画がすぐ見られること。何度も繰り返し見てもらうことで、自分の価値観や商品の魅力をじわじわと相手にインストールできます。「ｎｏｔｅ」や音声配信メディアもここに含みます。

図1 集客の仕組み

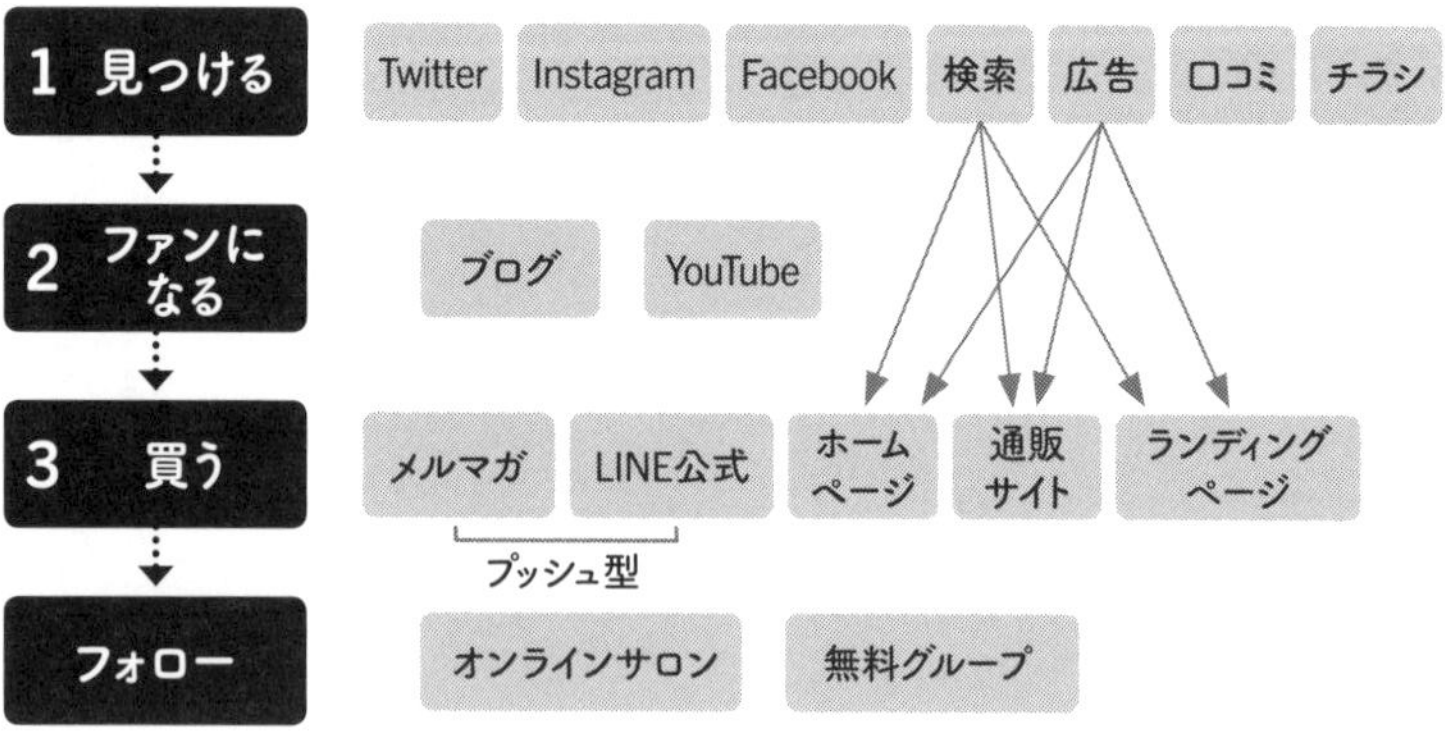

STEP 3 買う

SNSもブログやユーチューブも、相手が見てくれるのを「待つ」メディアです。それに対して、こちらからプッシュできるのがメルマガやLINE公式アカウント（旧LINE@）です。メールアドレスやLINEを登録してまでこの人（企業）の情報が欲しいと登録してくれた人は、見込み客として一段階濃い状態です。SNSやブログで売れる単価よりも高いものがメルマガでは売れるようになります。

メルマガやLINE公式でも、大事なことは「何を書くか」です。単なる新発売情報やお得なキャンペーン情報だけでは飽きられてしまいます。目指すべきは「告知なのに役に立つ」「告知なのに面白い」と思われるような記事を書くこと。無料でここまで教えてくれるのかと思われる人が信頼され、タイミングが合えば買おう、日程が合えばこの人に会いに行こうという気持ちを高めることができます。

ただ、メルマガやLINEは、「わざわざ登録」してもらうもの。何もせずに人が集まるものではありません。「登録しよう」と思わせる動機づけが必要です。

SNSの発信が面白いからメルマガも読んでみよう、と思われるのがベストですが、それだけでは難しい場合、よくあるのが「登録キャンペーン」です。動画や音声、PDF

テキストなどをプレゼントするから登録してね、というパターン。私自身もやったことがありますし、それにつられて登録したメルマガやLINEもたくさんあります。だけど、その次に来たメールやLINEがつまらなかったら、すぐに解除したり、ブロックされたりしてしまいます。キャンペーンだけ張り切って作っても、「その後」がしょぼいと意味がないのです。

また、見つける→買うに直結するのが、SNSを通さずに検索や広告からホームページやランディングページ（1つの商品・サービスを売るためのページ）、通販サイトなどにつなげるパターンです。検索した人が辿り着いた先のホームページや、通販サイトのページに何を書くかが重要になってきます。

単なる商品紹介だけの「売りたい」が見え見えのページではなく、**作り手の思いや開発ストーリーが見える、作り手の顔や世界観が感じられるページであれば、検索で知ったとしてもファンになる確率が高まるでしょう。**

一度の出会いで購入に結び付ければ終わりではなく、長く付き合えるお客様になるかどうかは、出会いのシーンから決まっているのです。

1人のお客様と長く付き合うための仕組み

単一の商品をどう売るかではなく、すべてに自分や自社の「人間性」を載せる。それが、1人のお客様と長く付き合っていくための戦略です。

言い換えると、その人や企業の人間性さえ伝わっていれば、何を売ってもいいわけです。本屋さんがカレーを売ってもいいし、お米屋さんが服を売ってもいい。ネイルサロンがメルカリで売れる方法を販売してもいいのです。

コミュニティを円環にして、信頼を高めていく

図2は、「1人のお客様と長く付き合うビジネスモデル」です。以前は、「集客のファネル」といって、逆三角形型のモデルがよく使われていました。その一番下のとがった部分で「終わり」ではなく、その先が長く終わりのない円環になっているビジネスモデルがこれからの主流です。

顧客とゆるくつながり、じっくりと「欲しい気持ち」を高めていき、購入後も、ゆるくつながりながら、コミュニティの中でグルグルと回っているようなイメージです。

そこでは、「今すぐ買わせなきゃ！」「こう言ったら売れる！」という売り言葉はマイナスでしかなく、人間性を伝えることで、じわじわと信頼され、結果的に長くお客様になり、また次のお客様を口コミで紹介してくれるという理想的なサイクルが起きます。そして、商品・サービス単体を売るのではなく、はじめから「人間性」を伝えていることで、他と比較されることがなくなり、差別化を意識しなくても、お客様にとっての「一択」になれるのです。

図2　1人のお客様と長くつながる設計を作る

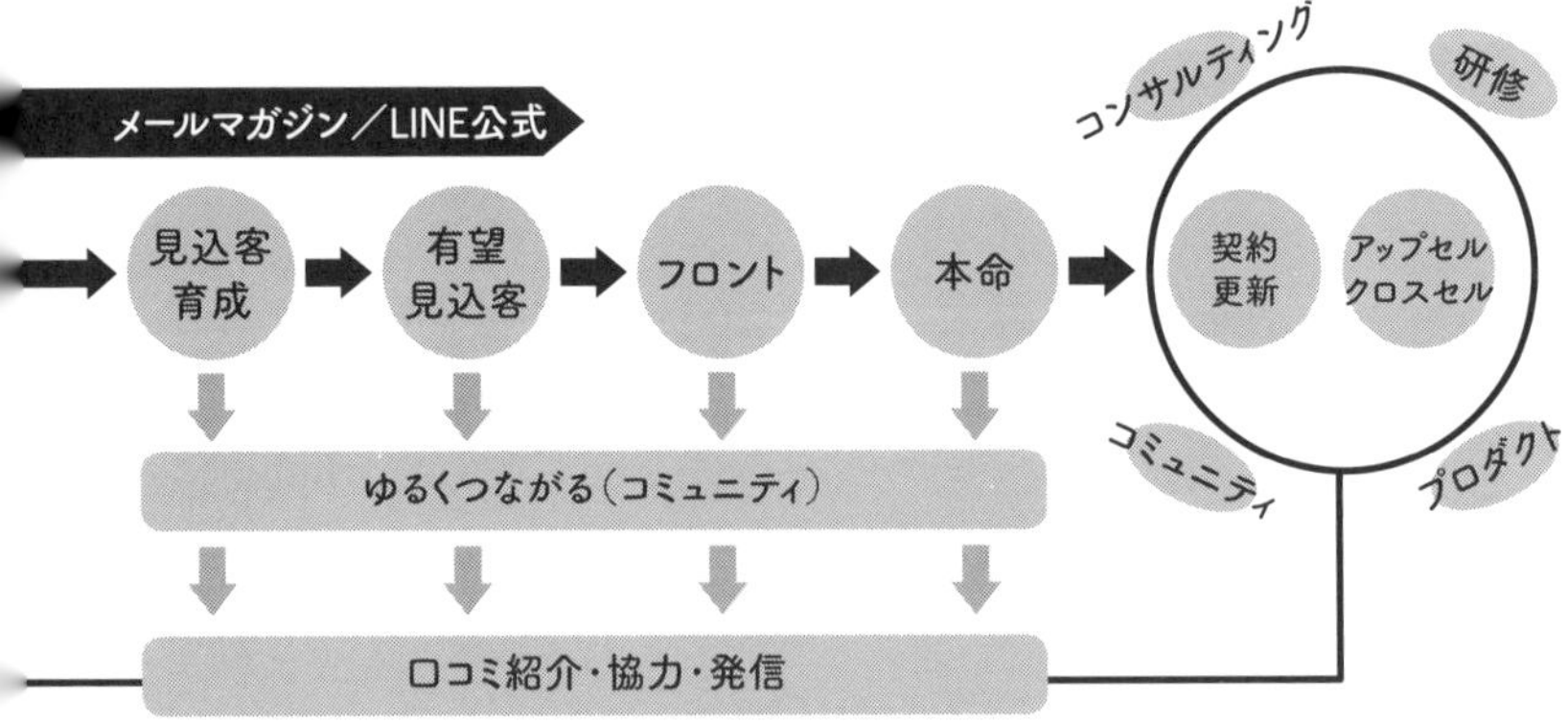

具体的に流れを見ていきます。まずＳＮＳを入り口として、自分を「発見」してもらいます。見つけてもらう入り口はネット上だけでなく、チラシや名刺、口コミなどもあります。そこから、「わざわざ登録」が必要なメールマガジンやＬＩＮＥ公式アカウントに登録してくれた人を見込み客と呼びます。その人たちにメールやＬＩＮＥを届けることで、「なぜこの商品が必要か」や「自分たちの大事にしていること＝価値観」を伝え、欲しい気持ちを育成していくのが見込み客育成です。

欲しい気持ちや信頼が高まった時点で、フロントエンド商品と呼ばれるお試し商品をセールスしていきます。商品であればお試しセットなどの比較的買いやすいもの、セミナーや教室であれば「体験会」などがフロントの

集客のファネル（従来の売り方）

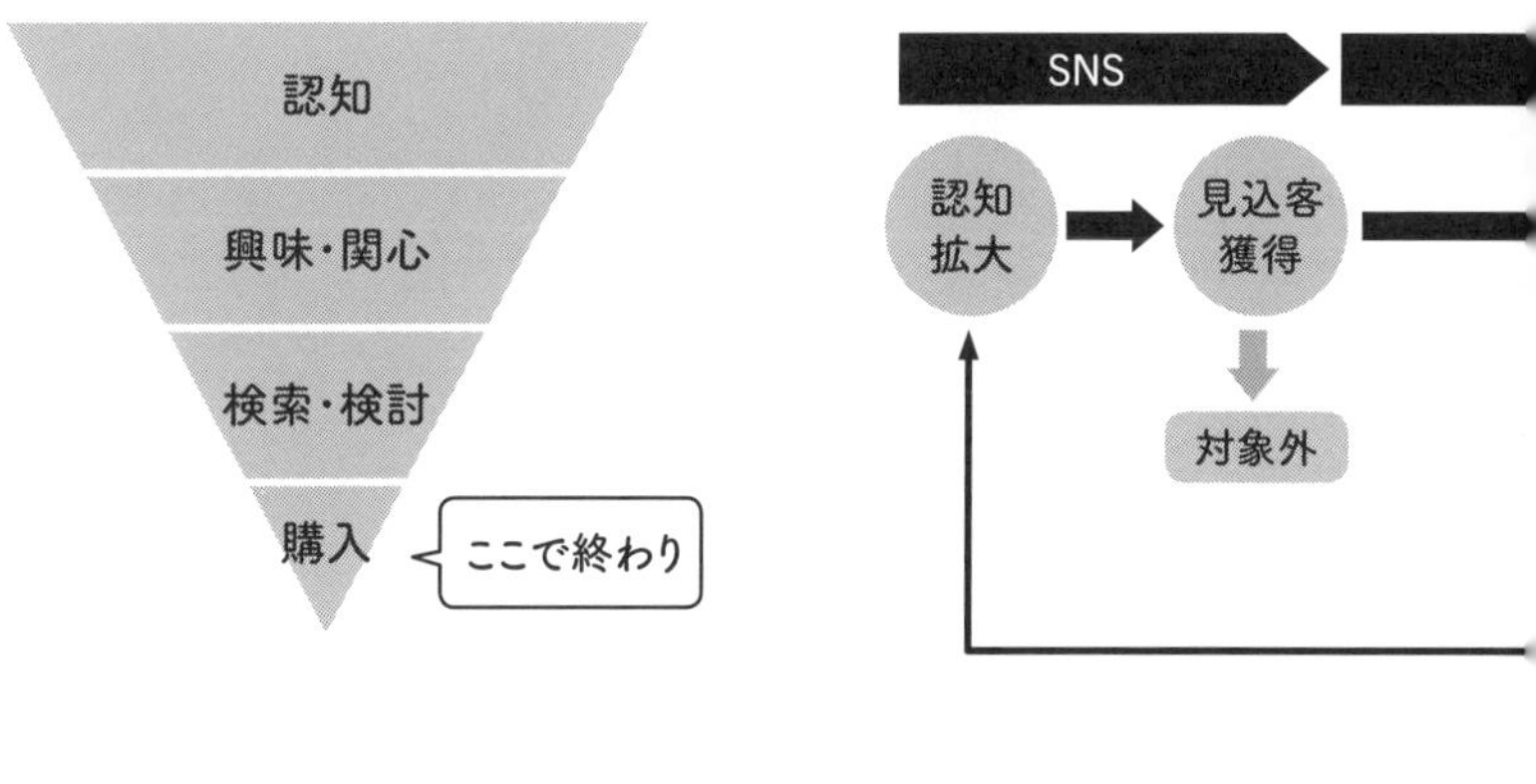
認知
興味・関心
検索・検討
購入
ここで終わり
SNS
認知拡大
見込客獲得
対象外

イメージです。

そしてフロントに来た人にバックエンドという本命商品を売っていくというのが一連の流れです。ポイントは、ここで終わりではなく、本命商品を買った人と切れずにつながっていくことと、それぞれの段階で「脱落」した人ともゆるくつながっていくことです。

そのとき買わなかった人ともゆるくつながる仕組みがあれば、「買う・買わないは相手が決めることであって、相手のタイミングで選んでもらえばいい」と思えるので、「今だけの！」「限定」「これを買わないと損をする」というような煽り文句で無理やり買わせる必要がなくなります。

ゆるくつながり続ければ「今買わなきゃ」は不要

そして、これまでのビジネスモデルの多くが「フロントに来た人の成約率をどれだけ上げるか」に注力されていたのですが、このモデルでは、その必要もありません。

現代の傾向として、「ゆるくやっていきたい」人が増えているように思うからです。たとえば、ダイエットプログラムでも、本気で3カ月で10キロ痩せたい人もいれば、「ずっとお試し感覚でダイエットを趣味のようにやっている」のが好きな人もいます。ダンス教室でも、料理教室でも、「うまくなってレベルアップしたい」人もいれば、「初心者クラスでずっと楽しくやっていたい」人もいます。そういう人を無理に上のクラスに押し上げる必要はなく、お試しをずっとやっていたい人向けのコースをつくるのも1つの手です。

ビジネス系の講座やセミナーでも、2時間ほどの体験レッスンに何度も参加する人もいます。以前なら、そういう人をいかに焚きつけて本気にさせて高額商品を買わせるかが重視されていましたが、そういう「ゆるい人」にはゆるい人向けのメニューをつくればいいのです。

また、本命商品を購入してくれた人がそこで終わらないような仕組みも必要です。ここで考えられるのは、商品購入者のみのコミュニティをつくることです。相手に価値を感じてもらえる特典を付ければ、月額課金でフォローグループをつくるのもありです。私も講座の卒業生には、希望者のみで、添削やオンラインコンサルを受けられるフォローグループを月額制でつくっています。

次に、「コンサルティング」。それまでがグループ対応だったとしたら、個別対応をして継続的にフォローをしたり、物販の場合も、より良く使うためのフォローを有料でしたりすることが考えられます。

「研修」は、個人相手のビジネスを法人向けにして研修化するアプローチです。それまでの商品とは違う別の「プロダクト」を商品として紹介するのもありです。

そして、本命商品購入後にリピート施策としての「契約更新」、もっと価格の高いものを買ってもらったり、もう1つ別のものを買ってもらったりする「アップセル・クロスセル」が考えられます。

この新しいビジネスモデルの特長は

- ゆるくつながり続けることで「今買わなきゃソン」と煽る必要がなくなるので、信頼が高まる。
- どの段階の人も、人間性に興味を持って信頼してくれているので、「口コミ」「紹介」が起こりやすい。

このビジネスモデルは、個人でも企業でもこれから大事になってくる視点です。

今まで生きてきた自分のすべてをコンテンツにできる人が強い

起業したい、副業をしたいという方の中には、何を売るか、どんなサービスをするかを迷っている方も多いでしょう。

自分の商品・サービスをつくることは、そんなに難しくありません。

ここではその例をお伝えしていきますが、その前に、前提として、「完璧な商品・サービスをつくってから発信しよう」とする必要はありません。商品・サービスづくりは、最後の最後でいいのです（図3）。

商品やサービスをつくってから「どう売るか」では遅い

自分の頭で考えた完璧な商品をつくっても、それが市場で売れるかどうかはわかりません。そうではなく、「自分のファン」をつくっておいてから、そこにいる人が必要としているものを「最適な価格で、最適な方法で」売れば間違いなく売れます。SNSの時代は、個人でも小さな会社でもそれが可能になりました。

「つくったものをどう売るか」ではなく、「売れるものをつくる」から売れるのです。

ここを逆にしている人が多いのですが、自分のできること、得意なこと、やりたいことを集めただけの商品は売れないのです。

「自分はこれがしたい」「私はコレが好き」「この資格を取った」から、こういう商品・サービスをつくった。

そうしてつくった商品・サービスを

- どう書けば売れる？
- 誰だったら買ってくれる？
- いくらだったら買ってもらえる？

そういう視点で売ろうとするから、

図3

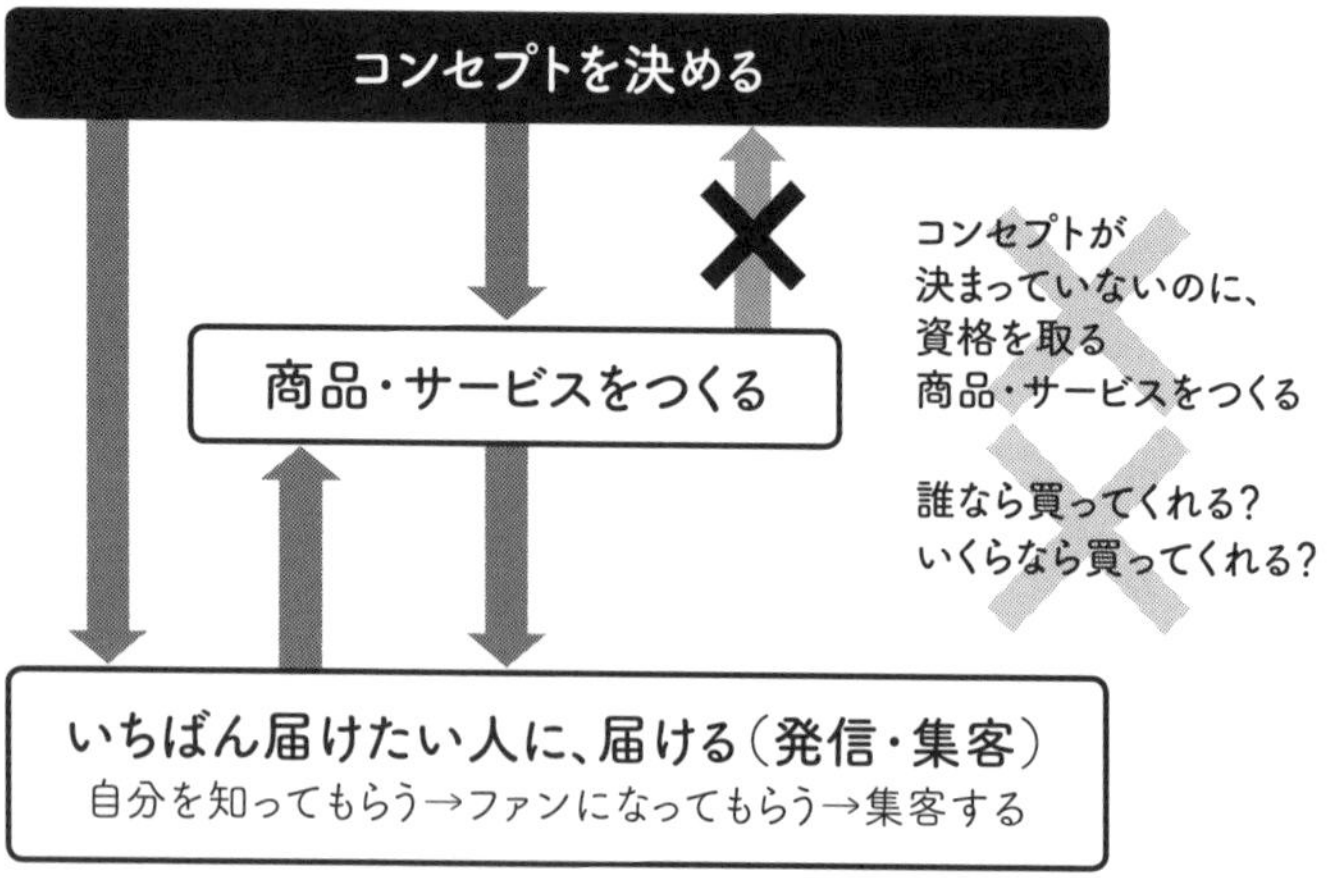
コンセプトを決める
商品・サービスをつくる
コンセプトが
決まっていないのに、
資格を取る
商品・サービスをつくる
誰なら買ってくれる？
いくらなら買ってくれる？
いちばん届けたい人に、届ける（発信・集客）
自分を知ってもらう→ファンになってもらう→集客する

●自分が書きたい文章ではないけど「こう書けば売れる」と言われた文章を書き、
●本当の理想のお客様ではないけれど、買ってくれそうな人にお願いして買ってもらい、
●本当はもっと値上げしたいけど、自信がないからこの値段でいいかと値決めをする。
そんな風になっている人がとても多いと感じます。

ビジネスの基本は、相手が求めているものを知り、期待を上回る商品・サービスをつくること。

「売る」のではなく「売れるようにする」、つまり選ばれる理由をつくるのがマーケティングです。

そのためにはまず、自分が誰に向かってビジネスをしているか、そこを明確に言語化しなければいけません。なんとなくでは、なんとなくの商品・サービスしかつくれません。それでは、誰の心も動かせないのです。

これからの時代に強いのは、**流行りのノウハウをコンテンツにするのではなく、「今まで生きてきた自分のすべてをコンテンツにする」という方法**です。

自分だけの「視点」と「経験」を武器にする

現代はロールモデルのいない時代です。こんな風に生きればいいというモデルになる人が見つけにくい。会社員になったとしても先が見えない。起業がいい、副業がいいと言っても、やり方のノウハウはいくつもありますが、生き方のお手本が見つけにくい時代です。選択肢が多すぎて、何を目指せばいいかわからない。自由にしていいよと言われても、動けない人が多いのです。そこで強いのは、ロールモデルになれる人です。

ロールモデルと言っても、2、3年前のように「こんな私みたいになりたいでしょ?」「俺は○億稼いでいる」みたいな「憧れ訴求」ではありません。オシャレなワンピースを着て昼からホテルのラウンジでシャンパン、みたいな自己顕示発信も、もう飽きられています。伝えるべきはそんな表面的なことではありません。

「やり方」ではなく「人としての在り方」「企業としての在り方」で選ばれる人になること。在り方として影響力が持てる人が、これからの時代のロールモデルです。

「自分はそんなすごい人にはなれない」と思う必要はありません。フォロワーが何人いるか？　の問題ではないのです。ツイッターやインスタグラムでフォロワーが数万人いても、全く仕事につながっていない人はたくさんいます。フォロワー数よりも、そこから集客や購入にしっかりつながっているか？　その視点が大事です。

世界中に影響を与えられるような「すごい誰か」になる必要はありません。自分がこの人に届けたいと思うその人たちにとって影響力を与えられる人になればそれでよいのです。

平凡な人には、平凡だから書けることがあります。

悩んでいる人には、今悩んでいるからこそ書けることがあります。

苦しんだ日々も、消したいような過去も、すべてコンテンツになるのです。

情報があふれているSNS時代は、「役に立つこと」なら無料でいくらでも手に入ります。役立つ情報自体の価値がどんどん下がって、ほぼ0円です。そんな中で強いのは、「自分の視点」をしっかり持っている人です。

情報に付加価値をつけるのは、「自分だけの経験」と「自分なりの視点」です。あなたには、あなたにしか書けないことがあるのです。

「好きを仕事にしたい」人がやりがちな2つの間違い

「好きを仕事にしたい」という人がやりがちな間違いが2つあります。

1つめは、好きな仕事ができそうなジャンルの民間資格を取ること。資格を取るのが悪いわけではありませんし、資格があるからできる仕事もありますが（多くは国家資格）、「資格を取ったけど仕事にならない」という人が多いのも事実。民間資格を発行している団体が、集客やビジネスのやり方までフォローしてくれることは少なく、資格を取ったけど稼げないという人を量産しているのです。「資格を取る」ことと「集客できる」「売上が立つ」というのは別の話です。1つの資格だけでは仕事にならないからと、次から次へとお金と時間をかけて新しい資格を取り続けている人は、稼げない人の典型ではないでしょうか。

2つめは、「結果が出るとわかっていること」にしか手を出さないこと。**「何かをやりたいけれど、何がやりたいかわからない」「好きを仕事にしたいけど、何をすればいいいか**

わからない」という人は、「これをやればうまくいく」「仕事につながる」「お金が稼げる」という保証があること以外やってはいけないと（無意識のうちに）思い込んでいないでしょうか。自分はこれが好きだけど、そんなことで稼げるのかな？　これをやって誰かの役に立つのかな？　このことに何の意味があるのだろう？　と考えすぎて動けない人をこれまでたくさん見てきました。「まずやってみましょう」と言うと「やってみて成果が出ないとどうするんですか？」と聞いてくるような人は、成功体験も失敗から学ぶ機会も失っています。

確かに、仕事は「誰かの役に立つ」「誰かに感謝される」ことの対価にお金が発生するものです。だけど、この先「何が役に立つか」なんて正確にわかる人がいるでしょうか。

10年前なら「そんなこと」と言われていたようなスキルが今は貴重になっていたり、ただの趣味として続けていたことが注目されて仕事になったりすることだってあります。

「これは何につながるのか」「何の意味があるのか」ばかり考えて、ずっと同じところに止まっているよりは、「これが好き」「やってみたい」と感じることに熱中していく中で、長い目で見たら誰かの役に立ったり、何かのビジネスにつながったりすることもある。

それぐらい柔軟な発想でいる方が、予測がつかない未来を生きていくうえでは大事なのではないでしょうか。5年後10年後、どんなビジネスが流行るかなんて予測したところで正確にはわからないのです。それなら、小さな「好き」や「興味」を大事にする中で、時代に合わせてマネタイズするタイミングを探っていくのも1つの方法です。

仕事や肩書を1つに絞ることがスタンダードではなくなってきた中で、何が仕事になるかなんてわからない。アイデア次第で、どんなことも仕事にできる可能性があります。

矢印を「自分」から「外」に向けてみる

そんな悠長なこと言っていられないよ、今すぐ仕事をつくり出さなきゃいけないんだ、という方もおられると思います。自分をコンテンツ化するのはさほど難しくありません。ちょっと発想を変えるだけでいいのです。

仕事とは、誰かに価値を提供して、その対価にお金をもらうもの。価値とは何かというと「変化」です。変化とは、主に2つあります。

①誰かの不（悩み、不安、不満、不便）を解消するもの
②誰かの理想（もっとこうなりたい）を叶えるもの

自分が好きなことだけをやっていても、誰かに価値を提供できなければ仕事にはなり

ません。

かんたんな方法が２つあります。

❶自分のやりたいことや、今の仕事は度外視して、世の中のニーズを探る
❷自分が当たり前にできることから、仕事にしていく

①自分のやりたいことや、今の仕事は度外視して、世の中のニーズを探る

私たちはつい、自分の仕事や自分のやりたいこと（好きなこと）から仕事をつくろうと思いがちですが、前述したように、そこにニーズがなければ仕事にはなりません。

だから、発想を逆にして、自分の今やっていることや、やりたいことは度外視したうえで、世の中のニーズを見るのです。自分の商品・サービス、自分のやりたいことというメガネを外したうえで、世の中を見ると、そこにたくさんのニーズがあることに気づきます。ネット上で誰かがつぶやいていたこと、カフェで隣の席から聞こえてきた愚痴、雑誌の見出し、友人からの相談。それを１つ１つ書き出してみて、「自分ならどういう方法で解決できるか」を考えるのです。

自分のやりたいこと視点で発想しても、そこにニーズはない可能性がありますが、も

うすでにニーズがあるところに自分を当てて考えればピント外れは起きないのです。逆転の発想です。

②自分が当たり前にできることから、仕事にしていく

自分の仕事ややりたいことと関係あるかは別にして、普段自分が何気なくやっていることで「それ、どうやってやるの？」「もっと知りたい」「詳しく教えて」と言われることはあるでしょうか。

それを再現性のある方法で伝えられれば、仕事にすることができます。

たとえば、メルカリに出品して1万円を得たとします。まわりの友達やSNSでつながっている人たちに「その方法を教えて欲しい」と言われるなら、それを再現性のある方法で伝えられれば、1つのコンテンツになります。

何を出品するか、写真はどう撮るのがいいか、見出しは？　お客様とのメッセージのやりとりは？　梱包のコツは？　など初めての人にもわかりやすく体系化できれば、それをブログやSNSで文章や動画を使って発信していくことができます。そこであなたの投稿のファンが増えれば「メルカリで1万円売り上げてみよう」というグループをつくることができます。月額制のグループにすれば、マネタイズできます。

これからの時代の５つの文章の書き方

❶「売るためだけ」のコピーは、信頼されない

キャッチコピーのゴールは、相手に「行動」してもらうこと。単にインパクトを狙った言葉やウケ狙いの言葉では人の心は動きません。

情報があふれている中では、まず「目にとめてもらうこと」が大事。だから、「短い言葉でズバッと」「インパクトのある表現をしたい」と思う人が多いのですが、そこを狙うと多くの場合失敗するので止めた方がいいです。何を伝えたいかが明確になっていない時点で、インパクトだけを狙って言葉をつくっても、誰の心も動きません。

相手の心をつかむ短い言葉を書くには、Ｙａｈｏｏ！ニュースのタイトルが見本、とよく言われていますが、ネットニュースのタイトルは、「クリックさせたい」意図が見え

見えな「釣りタイトル」も多いので注意が必要です。こう書けばクリックされると感情を煽った脊髄反射的なコピーで人を釣り、読んでみたら全く関係のない記事だったり、読んでも解決につながらなかったりすると、一時的なアクセスアップにはなりますが、長期的には信頼を失うだけです。ネットニュースのポータルサイトならばそれでも良いでしょうが、個人や一企業がそれをやると、もう二度とその人の発信は見たくないと思う人も出てくるので、ネットニュースのタイトルはマネしない方が賢明です。

❷「テンプレートや法則に当てはめる」だけでは、人の心はつかめない

セミナーなどで「キャッチコピーをつくったことがありますか?」と聞くと、はいと答える人の多くが、間違ったつくり方をしています。

よくあるのが、「自分と関連のある業界のブログやホームページや雑誌を見て、良さそうな言葉をピックアップして、適当に組み合わせる」という方法。

これは最悪です。自分(自社)の思いがどこにもないうえに、隣の人と同じコピーになるからです。

カッコいい、聞こえがいいコピーが手軽につくれますが、ありきたりな広告っぽいも

のなのでスルーされて終わりです。

キャッチコピーや印象的な1行をつくりたければ、型にはめるのがかんたんな方法です。売れる型は確かにあります（私も1冊目の著書『キャッチコピーの教科書』で売れるキャッチコピーの型を紹介しています）。ただ、型にはめるのは最後の最後です。

当てはめる言葉自体が、ありふれたものであれば、ありふれたコピーにしかならないからです。

同業者と同じ言葉を使って「こう書けば売れる」と決められたテンプレートに当てはめるだけでは、みんなと一緒の言葉しか書けません。まずは「自分の言葉」をつくる。その後に型にはめていけばキャッチーな言葉はつくれます。ところが、多くの人が型にはめることから始めているから、どこかで見たような、うさん臭い釣り言葉に見えてしまうのです。

❸「モノを売る」文章と「ファンを増やす文章」は違う

コピーライティング力というのは魔物で、文章がうまく書けるようになると、どんなに価値のないものでも高額に見せることができるようになります。１００円のものを

100万円として売ることだってできます。だけど、それを買ってくれた人との関係性はどうなるでしょうか？

集客するにはこういう流れで、この順番でこういうことを書けばいいというテンプレートは世の中にたくさんあります。それはそれで効果があるでしょう。だけど、大事なのはその先です。一度来てくれた人がリピーターになり、次のお客様を連れてきてくれる優良顧客になるためには、ネット上での「文章での出会い」の時点から、勝負は始まっているのです。

自分の価値を事実以上に大きく見せてはいけません。それは道徳的にとか、法律的にということではなくて、コスパが悪すぎるのです。理由は2つで、1つめはSNSの時代はガラス張りの時代でウソはすぐばれるから。2つめは、偽りの価値を信じて来てくれた（買ってくれた）人を裏切ると、いつまでたっても「新規顧客の獲得レース」から抜け出せないからです。

一時的に人を集めたり売上を上げたりする文章ではなく、長く売れ続けるための文章を書く。これまでは「相手の心に火をつける」的な文章術が多かったのですが、これからは炭火のようにじわじわと相手の心をつかんで、いつの間にかファンになっているような文章を書く必要があります。

「ファン」と言いましたが、そもそもファンとは何でしょう。芸能人ではない私たちが「今日のお昼は何を食べた」と発信しても誰も興味は持ちません。何のために発信をしているかと言えば、自分のビジネスにつなげるためですから、私たちの言うファンは「見込み客」のことです。

この人の発信が面白いからフォローしよう、この人の視点が好き、というところからはじまって「いつかは会いたい」「この人が言うなら欲しい」「この人に教わりたい」「この人がつくったものなら何でも欲しい」となれば相当濃いファンです。

一時的に集客できる文章は、「思わず買っちゃった」「そんなに欲しくないけどポチっちゃった」を生み出す文章。必要ないのに、深夜のテレビショッピングで思わずポチったという経験がある方も多いと思いますが、その売り方では長続きしません。

私は今まで何人も、「集客のためにはこう書かなきゃ」「売るためには買わせる言葉を書かなきゃ」と意識して自分らしくない文章を書いたり、本来ならば書きたくない煽り系の文章を書いたりしているために、発信がイヤになってしまった人を見てきました。

不必要な人に売りつけることは、売り手にも買い手にも不幸を生むだけです。

❹ 商品認知度ごとに響く言葉は変わる

「人は形にして見せてもらうまで自分は何が欲しいかわからないものだ」というスティーブ・ジョブズの言葉は有名ですが、**多くの人が「自分が何を欲しいか」を明確に言葉にできていません。**そこに気づかせることができるかが勝負の分かれ目なのです。

- （言われてみなければ気づかなかったけど）私もそう思っていた
- （そう言われてみれば）そんなことがしたかった
- （形にして見せられたら）まさに欲しかったものはこれだ

SNSやブログは「潜在顧客」にアプローチできるメディアです。「この商品を買いたい」と検索してくれる層（顕在顧客）だけでは、少子高齢化の時代にマーケットは広がらないのです。

人は、自分の思いをうまく言葉にできないものです。自分が何を考えているのかを言葉にできる人は少ないのです。だから、「うまく言葉にできない」モヤモヤっとした気持ちや、みんながなんとなく思っているけれどうまく言葉にできないでいることを言葉にしてくれる人には、「よく言ってくれた」「私の気持ちをわかってくれた」と共感するのです。

言葉にするというのは実体のないものに形を与えること。モヤッと浮かんでいるものに輪郭を与え、これはこういう名前の感情です、これはこういう状態ですと言葉にできる人は、それだけでその分野でのイニシアチブを握ることができます。

そこで注意する必要があるのが、その商品・サービス自体に興味はなくても、「悩み（困りごと）」や「欲求（こうなりたい）」がある人が対象ということです。

たとえば、ダイエット商材を売っていきたいなら、ターゲットは「太っている人」ではありません。太っているというその状態がターゲットなのではなく、太っていることで何か困っている人、痩せてこうなりたいという

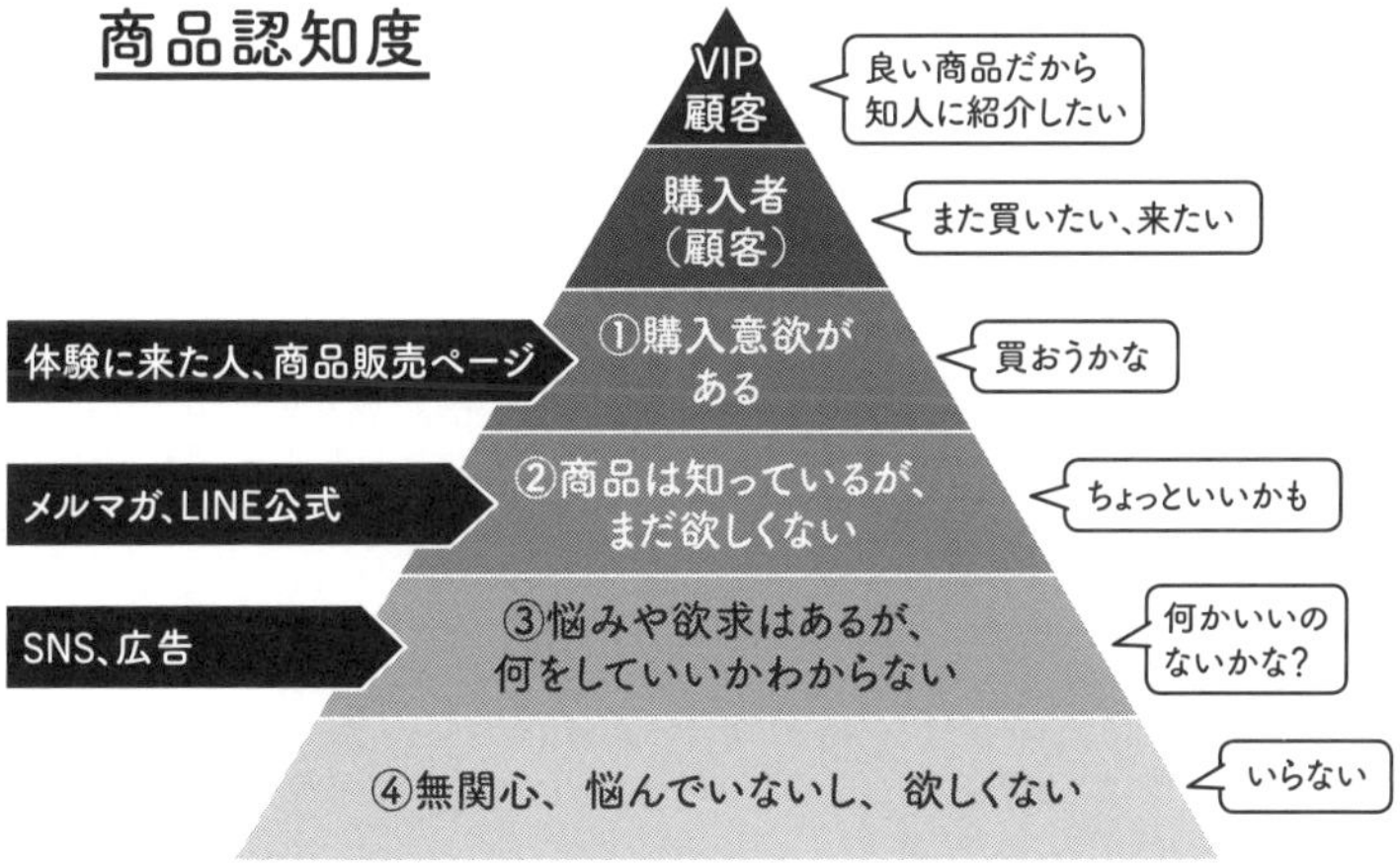
商品認知度
VIP顧客
良い商品だから知人に紹介したい
購入者（顧客）
また買いたい、来たい
①購入意欲がある
体験に来た人、商品販売ページ
買おうかな
②商品は知っているが、まだ欲しくない
メルマガ、LINE公式
ちょっといいかも
③悩みや欲求はあるが、何をしていいかわからない
SNS、広告
何かいいのないかな？
④無関心、悩んでいないし、欲しくない
いらない

思いがある人が対象です。こちらからは太っているように見えても、ぽっちゃり好きの彼氏がいて、ふくよかさん専門雑誌のモデルをしていて、幸せな人はターゲットではないのです。そんな人に「痩せたら幸せになれるよ」と言ったところで余計なお世話です。

大切なのは、**相手の中にある気持ちに気づかせる、ということ**です。文章や言葉で、相手の気持ちを変えようなんておこがましい。ましてや相手を思うままに動かすなんてできないのです。

できることは、もともとあった気持ちに気づかせる、自分でも気づいていなかった感情にスイッチを入れる、言葉にできずにいた気持ちに定義をつけてあげる、そっちもいいけどこっちもあるよと振り向かせる、それぐらいではないでしょうか。

全く必要としていない人に、誘導のようにうまい言葉で買わせても、「何でこんなものを買っちゃったんだろう」と後悔させるだけです。勢いで欲しくないものを買うのもたまにはいいでしょうが、それによってそのブランドに信頼が生まれることはありません。

具体的に、段階ごとに何を伝えればいいかを見ていきましょう。

①購入意欲がある人

商品名で検索して商品販売ページに訪れた人や、体験セミナー等に参加した人は、既に購買意欲のある人です。そういう人には、背中を押してあげればＯＫ。相手が商品・サービスに感じるかもしれない不安要素を取り除き、「よくわからない」がないようにしっかり説明をしましょう。

説明をしていいのは、「相手が欲しい」と思っているこの段階だけです。相手が欲しいと思っていない状態で「買ってください」は押し付けです。「欲しい」という気持ちになっていない状態で、商品の説明をしても相手は聞く耳を持ちません。理路整然と正しい情報を伝えられても、気持ちは動かないのです。正しい情報を伝えるのではなく、感情を動かし、「もっと教えてください」「詳しく聞かせて欲しい」と相手に思ってもらう状態をつくることが必要なのです。

②商品は知っているが、まだ欲しくない人

商品・サービスやブランドに興味は持っているけれど、まだそこまで「欲しい熱」が高まっていない段階です。こういう人には、メルマガやＬＩＮＥ公式アカウントに登録してもらい、じわじわと「欲しい熱」を高めていく戦略が効果的です。メルマガや

LINE公式で伝えていくのは「価値の教育」です。この商品・サービスが、あなたにとって価値があるということを、じっくりと伝えていくのです。

「ちょっといいかも」と思っているが迷っている人に伝えるべきポイントは3つです。

●ハードルを下げる

興味はあるけど、私が行っても大丈夫？ ついていけるかな？ と不安になったり、自分にこの商品が本当に合うのか自信が持てないと感じている人は多いものです。

例文

「スマホ写真教室」に私が申し込んでもいいのかな？ スマホの機種が古いけど、大丈夫かな？ というご質問がよくあります。心配いりません。初心者が対象ですので、基本的な操作から丁寧に説明します。スマホの機種が新しいかどうかは関係ありません。機種変更をするか迷うよりも先に、写真の撮り方を覚えた方が近道です。

●今だというタイミングをつくる

興味はあっても「また今度でいいか」と先送りにしている人には「今だ」というタイミングをつくってあげるのが効果的です。夏までに、クリスマスまでに、などのタイミング訴求もありですし、「母の日に家事代行を贈ろう」というような使い方の提案もあります。KFCの「今日、ケンタッキーにしない？」のキャッチフレーズのように、「いつかを今」に変える訴求も刺さります。「また今度でいいや」と思っているその気持ちをストレートに書いてしまう手もあります。

例文

「病院の薬が合わないので、漢方薬の方がいいのかな？」と感じたら漢方を試すタイミングです。漢方薬を始めるのに早すぎることはありません。何か不調を感じていたら、「なぜそうなっているかの原因」までわかるのが漢方薬局です。なぜ肌が荒れるのか？　なぜ花粉症になったのか？　原因がわからず困っている方は、一度ご相談ください。

●買わない言い訳をなくしてあげる

相手が心の中で感じている買わない言い訳を先回りして伝えると、自分もそう思っていたという気づきを与えることができます。

例文

「集客するための文章を習いたいと思っているけど、時間がない」と悩む方のための講座です。1日受講するだけで、お客様に何をどう伝えるかが明確になり、文章を書くスピードが格段に上がります。毎日のブログやメルマガを書く時間が節約できるので、その時間がお客様対応や新規事業など本来するべき仕事の時間に変わります。時間がない人こそ、集客文章講座が役に立ちます。

この場合も「書き方」が重要で、「時間がないという言い訳をいつも自分にしていませんか？」というような書き方だと、上から目線の押し付けになってしまいます。書き方の詳細は、P.188でお伝えしています。

③悩みや欲求はあるが、何をしていいかわからない人

SNSで伝えていくべきメインはこのステージにいる人たちです。SNSは売り場ではなく、自分の悩みや欲求を解決してくれるものが何かわかっていない人にも訴求できる場です。悩みや欲求がはっきりとわかっている人もいれば、自分がその悩みを持っていることに気づいていない人もいます。

「ぼんやりとした悩みや欲求を持っている」「その解決方法に気づいていない」人には、

● ベネフィット（その商品・サービスによって得られる幸せな未来）

●お客様の変化（こんな人がこんな風に変わったというビフォーアフター）を伝えていくのが効果的です。この本では、主にこのステージの人に向けての文章の書き方を想定してお伝えしています。

④無関心、悩んでいないし、欲しくない人

原則的に悩んでいないし欲しくない人に振り向いてもらうのは至難の業です。悩んでいない人をターゲットにするのは余計なお世話だからです。でも、商品・サービスではなく「自分という人間」に先に興味を持ってもらい、その後商品・サービスを知ることで関心につなげることはできます。たとえば、地域のテニスサークルで知り合った人と仲良くなってから、「実は仕事は不動産業をしていまして」と言われたら、家を探す際にその人に相談してみようかなとなる。信頼関係が先にできていたら、「そのタイミング」が来たときに候補にあがるということです。今後はネット上でもスタンダードになってくるでしょう。たとえば、あるオンラインサロン内で、コメントをし合ったり、オフ会に参加したりして信頼関係が生まれる。その後、その人の商品・サービスを知って「この人なら信頼できるから、買ってみようかな」となる。短期的な戦略ではなく、長期的に信頼関係をつくって「人として選ばれる」というのがこれからは大事な視点になって

くるはずです。

もちろんこれは長期的な視点が大前提で、知り合ったばかりの人に商品を売り込むメッセージをしたり、名刺交換した人にメルマガを送り付けたりするのは論外です。

❺消費されるコピーよりも「ブランド資産になる」コピーが必要

私は、広告制作会社で企業の広告を制作する仕事をしていました。広告には2種類あります。

①商品やサービスを売る広告
②ブランドや企業のイメージを高める広告

この2つではは広告のゴールが違います。前者は「購入」、後者は「ブランドの好感度を上げる」。前者が短期的戦略であり、後者が長い目で見た戦略です。

また広告の仕事をしている人も大きく2種類に分かれます。

「セールスコピー」と呼ばれる売上に直結する販促のためのコピーをつくる人（通販やネットショップの専門家の方が多い）、「ブランディングコピー」と呼ばれる企業価値を高めるコピーをつくる人（広告代理店などのいわゆるコピーライターと呼ばれる人）です。どちらもやっている人もいますが、どちらかを専門としている人が多いようです。広告の会社の中でも部署が分かれているところが多いことでもわかるように、それほど「別のもの」と捉えられているのです。

Ａｍａｚｏｎや楽天サイトなどのモールや自社ＥＣサイトなど、ネット上で完結する購買行動が増え、リスティング広告やバナー広告などＷＥＢのプロモーションが当たり前になってきたことで、ネット上には「セールスコピー」があふれています。

「こう書けば売れる」「この一言で反応が上がる」というお手本をもとに書かれたコピーには吸引力があるのは確かですが、**「商品やサービスを売るコピー」にこそ、企業や個人のブランド価値となるものを書くべき**だと私は考えています。

単に1つの商品・サービスの魅力を伝えるだけでは、いつまでたっても、商品を売り続けないといけないからです。

そうではなく、「この人から買いたい」「このブランドが気になる」というような、人や企業そのもので選ばれる存在になれば、1つ1つの商品をどう売るかを考えなくても、リリースする前から「それが欲しい」と待ってくれているファンやお客様が増えていくのです。

とはいえ、何のメッセージ性もなくただ単にカッコいいキャッチコピーを、それっぽいビジュアルの上に載せただけの広告には意味はありません。

1つの商品やサービスをどう売るかではなく、商品やサービスを通して自分というブランドを売っている。そんな意識で書かれたコピーが、これからの時代のキャッチコピーだと思うのです。

広告だけの話ではなく、SNSで発信するときも、ブログのタイトルやイベントや企画書のタイトルをつくるときも、**「目の前の1つの商品をどう売るか」ではなく、その背景にある自分や自社のコンセプトやミッションまで伝わるような言葉を常につくっていくことが「人として選ばれる」ための最短ルートです。**そのためにはまず、自分のミッションをしっかり言語化すること。第2章から具体的にやっていきます。

自分をコンテンツ化した例①

これまで当たり前にやってきたことを法則化し、対象を変えて販売

まずは私自身のことです。私が起業したのは10年前。それまでは広告制作会社で、企業の広告を制作するコピーライターをしていました。1人目の出産で育児休業を取ったものの復帰後に会社にいられなくなり退職。それまで担当していたクライアントの仕事は、辞めた会社との関係上できない状況だったため、自分でゼロから仕事をつくるしかない。そこで始めたのがブログやフェイスブックでの発信でした。当時は、興味が育児しかなかったので、自分の育児の体験をポエムのようにしてブログに書いていました。それが、ある育児雑誌の編集者の目に留まり、その雑誌のフェイスブックページの記事を書くことになったのが、ゼロからつくった「初めての仕事」でした。その後、SNSやブログで個人の発信を続けながら、書籍や雑誌のライティングの仕事を出版社から受注していました。しかし、小さな子どもを抱えて、締め切りやスケジュールに振り回されるのに疲れ、相手都合ではなく自分主導の仕事をしたいと、「オリジナル商品」づくり

に着手。そこで生み出したのが、「2時間でキャッチコピーがつくれる」というコンテンツです。

自分が当たり前にやっていた「キャッチコピーをつくる」ということを、「誰でもキャッチコピーがつくれる5つのSTEP」として法則化し、セミナーやワークショップとして売り出しました。ポイントは、コピーライターになりたい人ではなく「自分の商品・サービスを売り出したい」個人事業主や起業家向けに販売したことです。ちょうど10年前は、ブログやSNSを使って自分を売り出したい人が増えていたタイミングだったこともあり、大阪でひっそり開始した講座は、数年で東京やオンラインでも満席で開催できるようになりました。

今現在、私の集客のメイン軸はメルマガです。メルマガ読者は2000人ほどでそう多くはないですが、毎回発信するたびにセミナーや個別コンサルなど必ず数人の申込があります。

現在は個人向け講座、オンラインサロン、企業向けの研修、教材の販売等活動を広げながら、企業の広告を制作する仕事を並行してやっています。

第2章

自分にしか書けないことを見つける

誰だって自分にしか書けないことがある

人間性を載せる文章が大事だってことはわかった。で、それどう書くの？　ということにここからお答えしていきます。文章を書くには、「誰に、何を、どうやって」を決めることから。第2章が「誰に」、第3章が「何を」、第4章が「どうやって」です。

人は「自分にとって価値があること」が知りたい

文章を書くのに大事なのは、「誰に書くか」です。小説やエッセイなど「作品」を書くのなら、誰かに向けて書く必要はないかもしれませんが、ここでいう文章とは、自分のビジネスにつながる文章、自分や自社をブランディングするための文章のことです。

「誰に向けて書くか」を決めることは、2つの意味で重要です。

❶万人に向けて書いた文章は、誰の心にも刺さらないから

❷この人のために役立ちたいと心から思えるお客様に出会えるから

①万人に向けて書いた文章は、誰の心にも刺さらないから

これだけ情報があふれているSNS時代には、「自分にとって価値がある」と思われないものは、一瞬でシャットアウトされます。一方で、興味があれば、わざわざ検索して情報を取りに来てくれる。だから、読んだ人が「これ、私に関係ある！」「なんでこんなに私のことがわかるの？」と感じるような文章を書ける人が強いのです。

②この人のために役立ちたいと心から思えるお客様に出会えるから

集客や売上につなげたい！　という思いが強すぎると「とにかく数を集めたい」となり、フォロワーを増やしたいから「フォロワーが増えそうな文章を書く」となりがちですが、それでは本末転倒です。数を増やすために文章を書いても、本来読んで欲しい人には届きません。

読み手が、

● なんで私の気持ちがこんなにわかるの？

●まるで私の気持ちを代弁してくれているようだ
●私が言葉にできなかった気持ちを言ってくれた
●私が知りたかったのはまさにこれだ

と思うからこそ、もっと知りたい、この人の情報をフォローしようと思うのです。自分のことをわかってくれると思われれば、会う前から信頼が生まれます。

そのためには、こんな人のために書きたい、こういう人たちに届けたいという人を、書き手がしっかり設定して書かないと、本当に届けたい人に届く文章は書けません。

「どんな人の味方でいたいか」という発信スタンスを決める

発信のターゲットを決めるというと、「自分のビジネスを誰に売りたいか」「この商品・サービスは誰なら買ってくれるか?」と考えがちですが、それではうまくいきません。決めるべきは「自分がこれからの人生をかけて、どんな人の味方でいたいか」「誰を助けたいか」です。何をいきなり大げさなことを!? と思うでしょうか。でも本気です。

これからは「自分の人生を丸ごと仕事にできる人」が強い時代です。誰かに言われた商品やサービスを売るのではなく、「自分の名前で仕事をしていきたい」「自分にしかできないことをしたい」と思うならば、仕事＝自分自身であるという覚悟を決めることが大事です。

それは、24時間働け、ということではありません。

生きている時間のすべて、自分が見聞きしたもの、感じたこと、自分自身がすべてコンテンツになり、自分自身がすべてビジネスになるという新しい働き方です。

だから、「自分の商品・サービスを誰に売りたいか」というような小さな視点ではなく「自分のこれからの人生をかけてどんな人の味方でいたいか」「どんな人を助けたいか」「どんな人の役に立ちたいか」を明確に言語化していきましょう。

どんな人の味方でいたいか＝発信のスタンスです。

これが決まれば、書く内容も、どこに書くか（媒体）も決まってきます。

味方というのは、

●自分がこれからの人生をかけて、どんな人の役に立ちたいか

●仕事を通して、誰をどんな状態から助けたいか
●どんな状況にいる人の味方でいたいか
というような
「自分が発信することで役に立ちたい、助けたい人」を決めることです。
具体的には
●どんなことに悩んだり困ったり苦しんだり迷ったりしている人か
●どうなりたいと思っている人か
それは、年齢や職業、性別などは関係なく、その人の「悩み」や「理想」などの「感情」で決めます。価値観とも言えます。

なぜ、その仕事をしているのか？

やりたいことやこれから進む方向性が明確な人は、
●なぜ、自分が今この仕事をしている（していきたい）のか
●どんな人のどんな悩みを救いたいと思っているのか
を明確にしていきましょう。

「なぜ、自分がその仕事をしているか」には2種類あります。

❶その仕事を始めたきっかけ（過去）
❷仕事を通してどんな世界をつくっていきたいか（未来）

過去を考える方が書きやすい人と、未来を考える方がワクワクして言葉が出てくる人がいると思います。でも、誰にでも必ずきっかけはあり、仕事を通して実現したい未来があるはずです。ここがしっかり言葉にできているか否かが、ビジネスをやっていくうえで大きな差になります。**「なぜ自分がこの仕事をしているか」はいわばミッションです。ミッションがしっかり言語化できていれば、この先迷ったり悩んだりしたときも、進むべき道を教えてくれます。**

そして、まわりから見ても「なぜその仕事をしているか」を明確に語れる人のところに人は集まってきます。応援され、信頼される人になるには、ここを避けては通れないのです。

カッコいい言葉にならなくても、短くビシッと書けなくてもいいので、自分の言葉で書き出してみましょう。

次に「どんな人のどんな悩みを救いたいと思っているか」を書き出します。「なぜ、その仕事をしているか」が言葉にできれば、そこからお客様にどんなことを伝えていきたいかを考えてみましょう。

●自分の経験やこれからつくりたい世界をもとに、どんなことに悩んだり苦しんだりしている人の役に立ちたいのか？

●どんな風になりたいと願っている人の気持ちを後押ししていきたいのか？

そこを書き出していきます。

売れるビジネスは「悩み解決型」か「願望達成型」のどちらかです。人が何かを買いたい、何かに時間を使いたいと気持ちが動くのは、「悩みや困りごとを解消したいとき」か「こうなりたいという欲求を満たしたいとき」のどちらかだからです。

自分のビジネスややりたいことは、悩み解決型？　願望達成型？　そこを決めたうえで、どんな人の役に立ちたいかを言葉にしていきます。

今は安くて質のいい商品やサービスが増え、似たようなものがあふれている中で、すべてのビジネスが「時間の取り合い」をしています。人の1日は24時間と限られている中で、どれだけの時間を自分のために使ってくれるか。そこが成功するビジネスの分かれ目です。

その時代に売れているもの、流行っているものは、そのときに多くの人が感じている悩みを解消したり、こうなりたいという理想を叶えたりするものです。

たとえば、2020年、コロナ禍では「おうち時間を楽しむためのもの」が売れています。家で過ごす時間が増え、外出ができないストレスを解消するために、ホームベーカリーが売れたり1人用テントが流行ったりするのです。

人の悩みも理想も時代とともに変化します。自分がいま設定した「お客様の悩み」「こうなりたいという理想」がこれからの時代にフィットするかどうかを見極めることも重要です。

仕事とは「誰かの困りごとを解決したり、相手が求めていることを満たすこと」。お金はその対価として受け取るものです。

「なぜ、自分はこの仕事をしているか」
「どんな人のどんな悩みを救いたいと思っているのか」

これは、必ず主語を自分にして書いてください。私は、俺は、自分は。誰かに誘われたから、以前の職場が○○だったから、など自分以外の人や物を主語にするのではなく、自分はなぜやりたいと思ったのか、自分はどんな人のためにやるのか、自分を主語にして書き出します。

企業の広報担当として発信をする場合も、私は「個人的な思い」を出していく方がいいと考えています。担当者Aとして、自分はなぜこの仕事をしているか。自分はどんな人の悩みを救いたいと思っているか？　を書きましょう。それが会社として、ブランドとしての進むべき方向とズレていないかのチェックは必要ですが、「会社として」の発信よりも「個人として」の発信の方が人は共感しやすいのです。

WORK

なぜ、自分はこの仕事をしているか

- きっかけは?

- 仕事を通してどんな世界をつくっていきたい?

どんな人のどんな悩みを救いたいと思っているのか

- どんな悩み(困りごと・解消したいこと)を
  持っている人の役に立ちたい?

- どんな理想(こうなりたいという願い)を
  持っている人の役に立ちたい?

自分の価値観の源泉を探る

今やっている仕事やこれからやりたいことに対する思いが言語化できたら、次は、自分の価値観のルーツを探っていきます。まだやりたいことが固まっていないという方も、ここからワークしていきましょう。

先ほどは、今の自分の仕事に対するミッションを書きましたが、繰り返しになりますがこれからの時代に大事なのは「何をやっているか」ではなく「なぜそれをやっているか」です。そのためには、「この商品・サービスを誰に売りたいか」という「自分の商品メガネ」を外すことが大事。ここでは、**商品やサービスや自分がやりたいことをいったん横に置いて、自分の人生の掘り起こしをしていきましょう。**

自分の価値観を掘り起こすため、自分のこれまでの人生をグラフ化してみましょう。

図4　さわらぎ寛子の人生グラフ

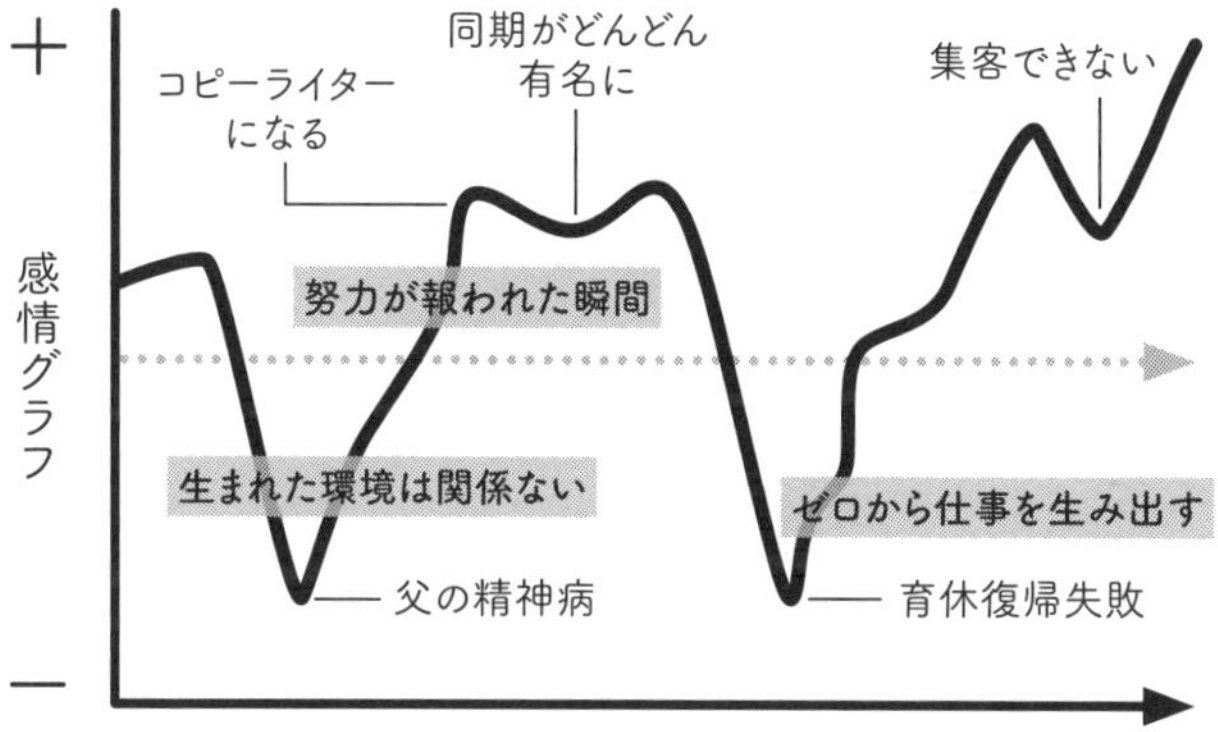

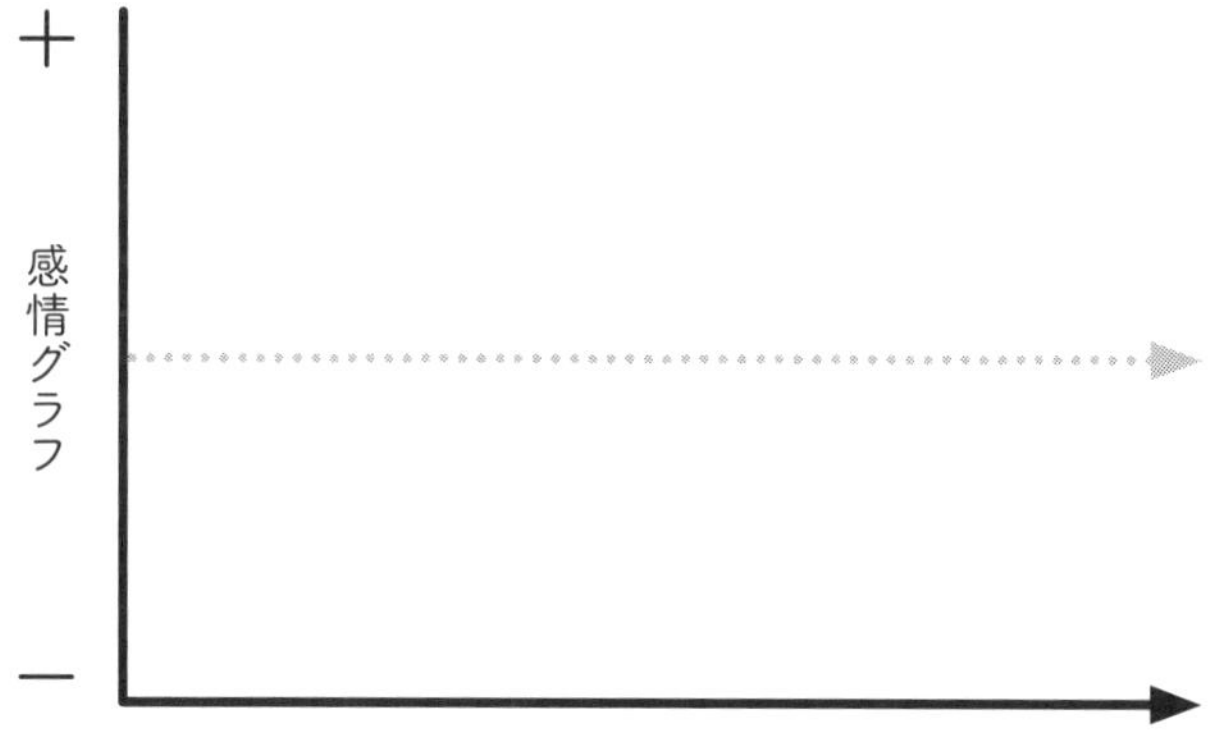

これまでの人生をグラフ化する

グラフ化するメリットは、自分でも気づかなかった（忘れていた）価値観が言語化できることです。

まず、縦軸に感情、横軸に年齢を設定したグラフをつくります（図4）。中央の線がプラスマイナスゼロとして、自分のこれまでの人生をグラフ化してみましょう。

やり方は2つあります。

❶出来事を点として記入し、点をつないでいく
❷線グラフを書いてから、出来事を記入していく

どちらでもやりやすい方で構いません。

ポイントは、自分の「感情」の起伏を描くこと。客観的に見てよい出来事かどうかではなく、自分の主観で嬉しかったときが上に、苦しかったときが下になるようグラフを書きます。

次に、上がっているところ、下がっているところにそれぞれ出来事を記入します。私の場合は「父の精神病」「コピーライターになる」「同期がどんどん有名に」「育休復帰失敗」「集客できない」と記入しました。

そして、それぞれ「なぜ上がったか」「なぜ下がったか」を考えて、自分なりのキーワードを入れていきます。そこで気づいたこと、自分がそこで大切にしていたこと、その時期いつも考えていたことなどです。

私の場合は「生まれた環境は関係ない」「努力が報われた瞬間」「ゼロから仕事を生み出す」と書きました。

もっと細かく書ける人は書いてもOKです。人から見てその出来事が重要かどうかは全く関係ありません。自分の人生の中で自分がターニングポイントになったと思うことであれば、どんな小さな出来事でも書いてください。

スティーブ・ジョブズがスタンフォード大学の卒業式辞で語った「Connect The Dots」は多くの方がご存じでしょう。「フォント」を生み出そうとしてカリグラフィーを学んだのではなく、カリグラフィーとパソコンという点と点が結びついて、「フォント」が創造されたという話です。その時々には、「これにどんな意味があるか」をわかっていなくても、後から振り返ってみると、今の仕事や活動につながっているということはよくあります。一見、今の仕事やこれからやりたいことに何もつながっていないようでも、そこに自分が大事にしている価値観が隠れていることもあります。

人には2つのタイプがあるように思います。目標を決めてそれに向かって進むタイプ（逆算思考）と、目の前のことに向き合ってきたらいつの間にかうまくいっていたというタイプ（積み上げ思考）です。同じ人でも状況や環境によって変わるかもしれません。逆算思考は最短で目標を達成するには効果的ですが、予想を超える素敵なハプニングは起こりにくいかもしれません。

どちらのタイプの人も、**どこかの時点で「振り返り」をして、1つ1つの点が今の自分にどんな影響を与えているかを言語化することが大事です。**

そして、その点が持つ「意味」だけでなく、「そのときの感情」も大切です。人生の起伏は、自分がそこから這い上がってきた軌跡です。

次に、そこから自分の価値観と、どんな人の味方でいたいかを決める質問をしていきます。今書き出したグラフを見ながら答えてください。

❶自分の感情が大きく動いた出来事は何？（いくつあってもＯＫ）
❷そのことをきっかけに、生まれた価値観は？　大事にしていることは？
❸自分はどんな人の役に立ちたいと思う？
❹その人のために、今自分がやっていること、これからやっていきたいことは？

今まで思っていたことではなく、この人生グラフを書いて気づいたことを答えていきましょう。

私はこのワークをするまで、自分は「キャッチコピーのつくり方を教える人」だから、自分が伝えたい相手は「キャッチコピーをつくりたい人」「自分の商品・サービスをうまく伝えたい人」。属性でいうと、個人事業主や起業家、中小企業の経営者や、企業の広報担当者かな？　そんなイメージでターゲットを決めていました。

そして、自分が「他のコピーライターとどう違うか」それればかり考えていました。でも、このワークをして見えてきたのは、もっと深いことでした。

自分だけの経験からキーワードを見つける

私が小学生のときに父が精神病になり、ある日突然会社を辞めてきました。統合失調症（当時は精神分裂病）だと診断されたのは、何年も後のことで、その頃はただ、お父さんがおかしくなったと思っていました。そのときに、パート主婦だった母が一家の大黒柱になり苦労していくのを目のあたりにして、「女性でも、いつか結婚したり子どもができたりしても、一生続けられる仕事をしないとヤバい」と思ったことが、今の私の原点です。

そうして、手に職をつけようと憧れだったコピーライターになったものの、なかなかパッとしない。社会人のスタートは広告代理店に出向という形で席をもらいコピーライターをしていました。同じ形態で働いていた同い年の友人が大きな賞を受賞し、広告代理店の社員になっていくのを横目で見ながら、「自分はこの仕事に向いていないのか」と悶々とした時期を過ごしていました。

WORK

自分だけのストーリーを語ろう

① 自分の感情が大きく動いた出来事は何？

② そのことをきっかけに、生まれた価値観は？
大事にしていることは？

③ 自分はどんな人の役に立ちたいと思う？

④ その人のために今自分がやっていること、
これからやっていきたいことは？

さわらぎ寛子の場合

① ● 小学生のとき、父親が精神病になり
パート主婦だった母が突然一家の大黒柱になった

● 育休復帰後会社をクビ同然で辞めた

② ● 女性でも何があっても一生続けられる仕事をした方がいい

● 家族や自分自身に何があっても仕事はゼロからつくり出せる

③ 家族や自身の心身の病気や、育児や介護などの
制約があっても、自分の名前で仕事がしたい人

④ 自分の価値で仕事をゼロからつくり出す実践的な塾

それでも何とか踏ん張りながら、少しずつ上司やクライアントにも認めてもらえる仕事ができるようになったと思えた頃、次の転機がやってきました。妊娠です。会社で初めての産休・育休を取得したものの、1年休んで戻ったときに私の居場所はなくなっていました。精神的にやられてしまい、会社の最寄り駅についたら足がすくんで動けなくなるような日々を過ごした後、逃げるように退職。

会社は辞めてしまったものの、どうしても仕事は辞めたくない。その一心で始めたのがブログでした。そこから、ゼロから自分で仕事をつくり出してきました。その経験から私は、「自分や家族にどんなことがあろうと、自分の価値を言葉にすることができれば、仕事はゼロからつくり出せる」をコンセプトに仕事をしています。

私のキャッチコピーは「言葉で仕事をつくる」です。キャッチコピーのつくり方を教えるのも、文章の書き方やマーケティングを伝えるのも、すべて「手段」でしかない。私が提供できる価値は「言葉で仕事をつくる」ことなのです。

それがストンと腑に落ちて、自分の仕事が自分の人生と完全にリンクしたとき、自分の仕事に対する使命感と誇りが持てました。

私の発信ターゲットは、「自分の名前で仕事がしたい人」です。個人事業主でも、起業家でも、会社員でも、公務員でも、学生でも属性は何でもいいのです。男性でも女性でも何歳でも関係なく「自分の名前で仕事がしたい人」がターゲットです。

このワークを講座でやるようになってから、やりたいことやビジネスとして事業が複数ある人も「これが自分だ」と胸を張って進めるようになりました。

誰に伝えるか。それを決めるために、皆さんもぜひ自分の人生グラフをつくり、それをもとに言語化してみてください。

質問③で書き出したことが、あなたの発信の「誰に伝えるか」です。

ターゲット設定の誤解

ターゲットってもっと絞らなくていいの？　とよく聞かれますが、ターゲットを絞るということを多くの人が誤解し、そのせいで機会損失をしています。

ターゲット設定のよくある誤解は

- ペルソナ（架空の人物）を決める
- ターゲットを絞るほど売れる

これはどちらも間違いです。

ペルソナ（架空の人物設定）に意味はない

よくあるのが、ペルソナと言って、理想のお客様を詳細に書き出す方法です。年齢、職業、性別、居住地、家族構成、1日の過ごし方、何に悩み、どんなことに興味があって、どんなＳＮＳを見ているかなどなど。

架空の人物でそれを設定しても、そんな人どこにもいないかもしれません。年齢や性別や職業で人を縛るのも、時代と逆行しています。大企業がお金をかけてリサーチをしてつくるならまだしも、個人が想像でつくるペルソナには何の意味もありません。

それは、家から1歩も出ずに何の行動もしていないのに、理想の結婚相手は、顔が菅田将暉で年収１５００万以上で都内住みで長男じゃない人、と言っているようなものです。そんな人どこにもいないかもしれないし、いても自分に興味を持ってくれる保証はありません。

ターゲットを絞りすぎると売れなくなる

ターゲットを絞りすぎると、単純に自分に興味を持ってくれる人が減ります。もちろん、万人に受けようとする必要はありませんが、だからと言って、すごく狭いゾーンにボールを投げ続けても当たる確率は低くなるのです。

ターゲットは、前述の方法で、「自分がこれからの人生をかけてどんな人の味方でいたいか」を言語化する方法で決めます。
漠然としているように見えるかもしれませんが、それでいいのです。どんな属性の人がいてもいい、年齢も、性別も、職業もばらばらの、でも「悩み」や「こうなりたい」という思いが一致している人がターゲットです。

そして、大切なのは、文章を書くときは、1人の人を想定した方が書きやすいということです。

自分のビジネスや発信自体のターゲットは広くていい。だけど1つ1つの文章を書くときは、誰か実在の1人を思い浮かべて書くと書きやすいです。

毎回同じ人でなくてもいい。今日のブログはあの人に向けて書こう、この商品の販売ページはあの人に向けて書こう、と1つの文章に1人、実在の人物の顔を思い浮かべて書くと、書きやすくなります。その人に伝えるなら、どんな言葉がわかりやすいか。その人に話すとすれば、どんな順番で伝えるか。その通りに書けばいいのです。

自分は誰の味方になりたい？

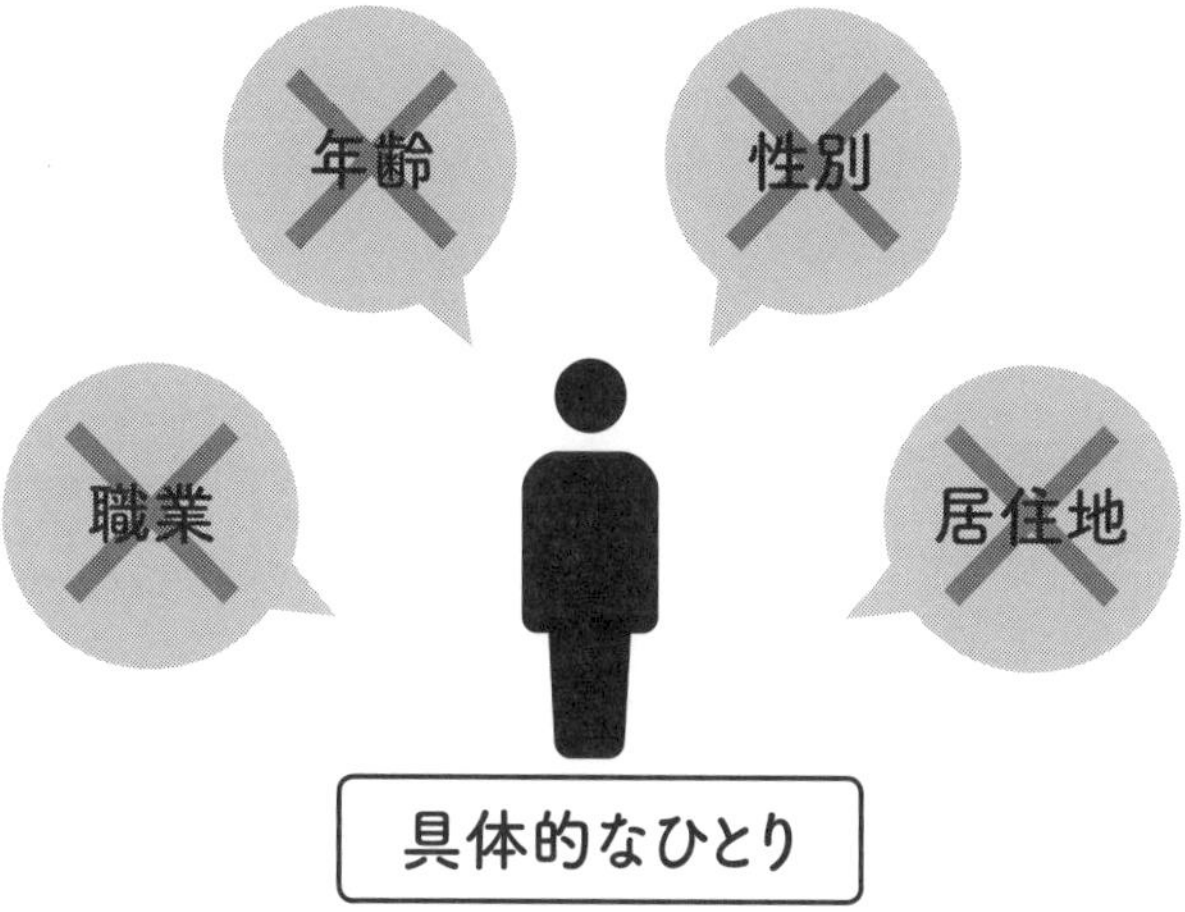

お客様は、商品・サービスが欲しいのではなく

不（不安・不満・不便）を消してくれること

自分の興味・関心を深めてくれること

どちらかを求めている

発信できない人が陥る3つの病

たとえば、スタートアップ企業の経営者がツイッターでつぶやいていることがなんとなく似ていたり、ママ向けコーチングをしている人がアメブロに書いていることは、見分けがつかないほどどれも同じに見えたりします。

この職業だからこう書かないといけない、この媒体ではこう書けば反応が上がる、というのを意識することも大事ですが、それだけでは埋もれてしまいます。

話を聞いてみると、みんな「自分だけの熱い思い」や「ほかの人にはない経験」を持っているのに、それを発信しようとすると、急に当たり障りのない言葉になってしまうのです。

当たり障りのないことしか書けない人や、発信するのが怖いと感じて発信できない・発信が止まってしまう人には、3つのパターンがあります。

❶私がこんなことを書いていいの？病

❷正しいことを書かなきゃいけない症候群

❸専門家の小さな穴

❶私がこんなことを書いていいの？　病

情報発信をし始めた人が、まず感じるのがコレ。「もっとすごい人がいるのに、自分なんかがこんなことを書いてどう思われるんだろう？」というやつです。

業界のすごい人が発信しているのに、自分に書けることがあるのだろうか？

もっと有名になってから、もっと知識を得てから、もっと自信がついてから発信した方がいいんじゃないか？

その気持ちは私もよくわかります。私が一番この不安を感じたのは、1冊目の著書『キャッチコピーの教科書』を書くことが決まったときです。コピーライターで本を出している人は、有名な広告代理店出身で、国内外の大きな賞を受賞している人ばかり。無名の制作会社をクビ同然で辞めたうえに、何の賞も取ったことがない。そんな自分がこんな大それたタイトルの本を書いていいのか？　とビビり、編集者さんに胸の内を打ち明けたのです。そのときに言われたことは忘れられません。

「さわらぎさんには、さわらぎさんにしか書けないことがあります。大きな仕事をしている人と比べる必要はありません。毎日のように、個人事業主や自分でお店をやっている人たちと向き合って、その人たちに伝えていることをそのまま書いてください。現場にいる人にしか書けないことがあります」

確かに、私の講座やセミナーに来る人は、「カンヌ広告賞」なんて知らないでしょう。どんな大きな会社の広告を作っているかが重要なのではなくて、自分に必要なコピーや文章を教えてくれることが重要なのです。それが腑に落ちてから、すごい人と自分を比べなくていいと思えるようになりました。

◆完璧ではない自分を出していくことに、意味がある

当たり前ですが、人は完璧ではありません。人間性を伝えるということは、完璧な人間になろうということではありません。自分の中の凸凹の部分、弱点も、苦手なことも見せた方が魅力的なのです。完璧に見える人は近寄りがたいもの。弱点が見える人の方がチャーミングです。これは企業の場合も同じ。企業として完璧な発信をしようとするよりも、担当者である「中の人」や、代表者の弱い部分やダメな部分も見えた方が人間

味のある発信になります。

〇〇ができたら発信しよう、もっと自信が持てたら……と思って何十年も勉強ばかりしている人がいます。インプットばかりしていても、アウトプットしないと成長しません。アウトプットの場をつくってからインプットすれば、学びは加速します。発信し始めた頃なんて、思ったほど人は見ていないのですから、下手なうちから始める方がいいのです。

◆どんな立ち位置で書くか

まだ初心者だから何も書けない、ということはありません。

それについて学び始めたばかりの人は、初心者として書けばいいのです。

初心者には、初心者の強みがある。その業界に長くいる人には書けないことが書けるのです。「初めての経験」は誰もが通ってきた道です。でもそのときのリアルな気持ちはそのときにしか書けないし、大御所が何十年も前にやったことは今では参考にならないこともあるのです。今初心者だからこそ書ける気持ち、今のリアルな事情を書けばそれを知りたい人が必ずいます。

どんな人に向かって書いていくかを決めたら、次はどんな立ち位置（スタンス）で書くかを決めます。

読み手と自分の位置関係です。

たとえば、専門家ポジションや、先生として教えたいのか（前後の関係）、少し先を行く先輩ポジションなのか（ななめの関係）、それとも同じように頑張る同志でいたいのか（横の関係）。

ファンを増やすには、挑戦し続ける部分を見せることで「応援されるポジション」になるのもいいでしょう。その業界のナンバー１は１人しかなれませんが、誰もがそこを目指す必要はありません。

歌唱力があれば人気歌手になれるわけではなく、「応援したい」と思われるには歌唱力以外の要素が重要だったりします。それが人間性です。素の部分やちょっとダメなところ、そういう部分が見えた方が共感につながるのです。隙があるから好きになる。１００点満点の人は、わざわざ自分が応援しなくてもいいのです。

❷正しいことを書かなきゃいけない症候群

発信するなら正しいことを書かなきゃいけない、間違った情報を伝えてはいけない。これはある意味正解で、ある意味不正解です。

医療的なことや健康にかかわること、ニュースなどを正しく伝えることは大切なことです。意図的にフェイクニュースを伝えたり、事実の一部だけを切り取ってショッキングな記事にしたりなどは論外でしょう。

かといって、「正しいことを伝えなきゃいけない」と思っていては、何も伝えられません。

「正しいこと」とは何でしょう？

「事実」とは？

どんなことでも「今、この瞬間に、正しいとされているに過ぎない」と私は思っています。歴史でも科学でも政治でも数学でも、新たな発見があった瞬間に、それまで正解とされていたものがひっくり返ることがあります。

よく「事実と解釈を分けて考えろ」と言われますが、今自分が見ている「事実」と思

っているものも、厳密にいえば自分というフィルターを通して見た事実です。その中に解釈が入っていることも多いのです。

ではどうすればいいか。

大切なことは、「自分の意見は自分の意見として書く」ことです。

自分の意見をさも常識のように書かない。

私はこう思う。これは私の意見です。私の考えは～というように、主語を明確にして書きましょう。

文章の書き方の本を見ていると「思いますと書くな」と書いてあるものが多いですが、それは語尾がすべて「思う」になっていると幼稚な文章に見えるから。「思う」が続くのであれば書き換えればいいのです。

考えます。私の意見です。信じています。期待します。などなど。

プロのエッセイストが書く文章には、「～と思ったりしています」という書き方もよく出てきます。

いずれにせよ、自分の意見は自分の意見として書くことが大切。

日本語は主語がなくても伝わる言語だからこそ、主語を明確にするクセをつけましょう。そうしないと、自分でもそれが事実なのか、自分の意見なのか、はたまた誰かの意見なのかよくわからなくなります。

自分の意見のように思っていても、実は「みんなが」「世間が」「会社が」「夫が」など第三者の意見を書いているだけということはよくあります。

一人称の文章を書くことは、発信していくうえでも大切なことです。

これは自分の意見である、あくまでも私の考えである、ということを明確にして書けば、それが正しいかどうかに意識が向かなくなります。繰り返しになりますが、誤情報を流していいという意味ではありません。事実と意見を分けて書く。事実の部分は正しいことかどうかの確認が必要ですが、自分の意見に正誤はないのです。

そして、もう1つ大事なことが**「正しいことだけ伝えても人の気持ちは動かない」ということです。**たとえば、報告書や議事録のようなビジネス文書は、「正しいことを伝えるのがゴール」です。新聞記事もそうでしょう。でも、「人の気持ちを動かす文章を書きたい」「発信で自分や自社にもっと興味を持ってもらいたい」と思うならば、ゴールは「伝わること」ではありません。正しいことを伝えるだけでは、相手の気持ちは動かない。

商品やサービスの説明をしただけでは、人の心は動かないのです。

◆すべては「過程」であり、主張は「仮説」でよい

ビジネスにはＰＤＣＡが大事と言われます。仮説（計画）、実行、検証、改善というやつです。この「仮説」という考え方が、文章を書くうえでも大事だなと感じています。どういうことかというと、ビジネスにおいても、人生においても、自分の考え＝主張は仮説で良いのです。

文章を書く際、「結論から書け」とか「主張をはっきりさせろ」と言われて、主張なんてない、結論なんて出せない、と二の足を踏んでしまうことはよくあります。でも、**どんな主張も「今、現在、この時点で思っていること」に過ぎない**。そう思うと、主張や結論を書くことが怖くなくなります。

いやいや、会社として発信しているんだから、そんな主張がコロコロ変わるとまずいよ、と思われるかもしれません。でも今は、変化のスピードがかつてないほど速い時代です。新型コロナウイルスによる影響を半年前には誰も予測できなかったように、不測の事態が突然やってきます。そんなときに、以前自分が書いたこと、昔の自分が発した

言葉に囚われていては動けません。

完璧なんてない中で、「今が途中だ」という意識を持って、今この時点での自分の主張を書いていく。そうすれば、らせん階段のように、グルグルと回りながら、迷いながらも、少しずつ上へ上へ登っていくことができるのです。あっちへ行ったりこっちへ戻ったりしているように見えて、実は真ん中に軸がある。人はよく「ブレない軸を持て」「自分の軸を持ちたい」と言いますが、「これが自分の軸だ」なんて決めてしまったら、そこで成長はストップするのではないでしょうか。仮説を立てて行動して、失敗も成功もしながら、気づいたら真ん中にあるものが軸です。


「自分のミッションを言語化する」というワークをしましたが、それだって、一度つくったら終わりではありません。やっていく中で気づくことがあるからです。

それでも、「今この時点での主張」を言語化することには大きな意味があります。言葉にしないと、自分の進む方向が見えないし、相手にも伝わらないからです。

今この時点での思いを言語化する。その言葉を旗印にして実行する。実行する中で気づいたことをもとに、ブラッシュアップしてまた行動していく。言語化し行動していく中で、どこかの瞬間にストンと気持ちよく「肚落ち」する瞬間がやってきます。それを見つけるまで、たとえ「うまく言葉にできない」と思っても粘り強く、言語化と実行、検証を続けていけばいい。

言葉も、発信も、PDCAを回しながらつくっていけばいいのです。

◆文章は受け手のもの

もう1つ、「正しいことを書かなきゃいけない」という気持ちの裏にあるのが、「そんなつもりで書いたんじゃないのに」問題です。発信をしていると、思いもしない反応が返ってくることがあります。全く想定外のところで人を怒らせたり、人を傷つけてしまうこともあるかもしれません。

大切なことは、「文章は受け手のものである」という割り切りです。文章は、書き手の手を離れた瞬間から、相手のものです。相手がどう受け取ろうと、相手の自由。相手の受け取り方に書き手が口をはさむことはできないのです。それを、「そんな気持ちで書いたんじゃない」と言うからややこしくなるのです。小学校の国語の授業で「作者はこのとき、どんな気持ちで書いたでしょう？」という問題がありましたが、作者の意図を考えるよりも、登場人物の気持ちを考えた方がよっぽど読解力がつくのではと思います。どんなことも、相手がどう受け取ったかがすべてです。相手にとっては、書き手がどんな意図を持って書いていようと、関係ないのです。

そう思うと余計に何も書けなくなると感じるでしょうか。そんなことはありません。どんな反応が来ようと、「そんな風に受け取る人もいるのね〜」と構えていればいいのです。**価値観は人それぞれ。私の価値観にあなたが合わせる必要がないように、あなたの価値観に私が合わせる必要もないのです。**

「そんなつもりで書いたんじゃない！」と言い合っていても、何も生まれません。読み手の意見に反発するのではなく、「読み手の意見を参考に、次に書く文章を膨らませればいい」というのが私の意見です。ＳＮＳやブログなどに「コメント」をもらったら、それを次に生かす。「それは違うのでは？」「ココがおかしくないですか？」というコメントが来ても、アンチだ！　否定コメントだ！　などと思わず、「そういう視点もあるんだなー」と受け取り、そのコメントに返信として自分が書いたことを、次の記事のネタにする。会話でも文章でも同じですが、相手から質問されたことで、自分が本当に言いたかったことに気づくことはよくあります。

ＳＮＳは交流の場。コメントに返した自分の意見が、次のネタになるのです。

そう思うと、自分の発信に対して、否定的な意見が来ても、「ラッキー、ネタ１つ増えた」と思えるようになります（もちろん、人格を否定するような誹謗中傷には毅然とした対応が必要です）。

その中で、価値観や世界観に共感してくれる人が自分の発信をフォローし、応援してくれれば、濃いファンが増えていきます。無理をしてフォロワー数を増やすことに意味がないのはそのためです。

❸専門家の小さな穴

その分野の仕事を長くやっていたり、そんなにキャリアはなくても勉強していたりすると、どんどん発信がマニアックになっていく人がいます。

誰も知らないようなすごいことを書かなきゃ。

同業者がみんな書いているようなことを書いても意味がない。

初歩的なことを書くとレベルが低いと思われそう。

そう思うから、ネタ切れになったり、発信している割には結果が出なかったりするのです。

あなたの発信を見て欲しいのは、同業者でしょうか？

同業者をターゲットにしているのならいいですが、そうではない場合は、横の誰かを気にしても仕方ないのです。そうやって同業者の目を意識すると、読者が知りたいこととどんどんズレていきます。

書くべきことは、マニアックな知識の披露ではなくて、読者が知りたいことです。

読者が知りたいことは、誰も知らないようなすごいことではなくて、「自分が知っていること＋α」です。


では何を書けばいいか？

自分のお客様に聞けばいい、という人もいますが、SNSは、自分をまだ知らない人との出会いの場でもあります。「初対面の人に会ったときに、何を聞かれるか」が参考になります。

たとえば、初対面の人に自己紹介で仕事のことを話したときに、

「それって、〇〇ということですか？」

「へぇ、〇〇はどうやるんですか？」

「○○について教えて欲しい」

など、無邪気に質問されることです。それが読者の知りたいことです。

そこで、初対面の人に無邪気に聞かれたことに対して、「いや、私の仕事はそういうことではないんです」「それは私のやりたいこととは関係ないですね」とか言っちゃうから、いつまでたっても読者の気持ちがわからないのです(「カウンセリングとコーチングは違います！」とか「お片付けは掃除とは違うんですよ」など。**そんなこと相手はどうでもいいのです。相手が知りたいのは、「自分にとってどういいか」であって、あなたのこだわりに興味はありません**)。

読者はそういう無邪気な人なのですから、その質問が、自分がしたいこととは違ったとしてもいったん受け止めてそれについて答えたうえで、自分がしていることを伝えればいい。

それをせずに、自分の話ばかりするから、読者の気持ちがつかめないのです。

自分が「これが伝えたい」と思っていることと、読者が知りたいと思っていることがズレていることはよくあります。

相手がどういうことを知りたいと思っているかを意識しておくことが大事です。

ずっと専門家としてやっている人や、そのことについて熱心に勉強している人、まわりに同業者や同じようなジャンルの人が多い人は要注意です。自分でも気づかないうちに狭い世界の小さな穴にハマってしまっているので、それ以外の世界から来た人に無邪気なフィードバックをもらっても、「それは私のやりたいこととは違う」と言って拒否してしまう。それはあまりにもったいないのです。

世の中の人に対して「そんなことも知らないの？」「まだ○○していないの？」とか馬鹿にしている場合ではなくて、相手の気持ちに気づいていない自分の方がイタイ人になっている可能性を疑いましょう。

専門家の深い穴に落ちているから、地上で起きていることに気づいていない。狭い穴に落ちて、狭い穴にいる人同士で会話をして、狭い穴の中でしか伝わらないような言葉を書いたり話したりしているから、いつまでたっても読者の気持ちがつかめない。

専門家の小さな穴に落ちていないか？　一度自分の発信を見直してみてください。

自分をコンテンツ化した例②

スキルを活かして困りごとを解決するオリジナルビジネスを構築

いわゆる民間の資格を取得し、それを使ってビジネスをしたいけど、集客がうまくいかないと悩んでいる方が増えています。

たとえば、子育てや片付けなど生活に関連する資格は、女性にとっては身近で「自分の生活に生かしながらビジネスをしたい」と思って取得する人が多い。自分のペースで起業できますという謳い文句に惹かれて資格を取得したものの、同業者がひしめくレッドオーシャンで、「そのサービスを受けたい人（買い手）」よりも「資格を生かしてビジネスがしたい人（売り手）」の方が多いというおかしなパワーバランスになっている例もあります。

Tさんは、家や頭の中を整える「片付け」の仕事をしながら、看護師資格を生かして、介護の現場で働いていました。看護師×片付けというオリジナルビジネスを構築したいと思って講座に来られたのですが、最終的に形になったのは、意外なものでした。

Tさんは細かいところに気がつき、人のサポート上手な人。自分が表に立つよりも二番手の方が向いていると自分でも思っていました。また資料作りやホームページの設定などパソコンを使った作業も得意としています。そこで「1人社長サポートサービス」を構築しました。

たとえばこんなサービスです。

困りごと

個人起業家は、忙しくて優先順位をつけようにも自分ではなかなか頭の整理ができない

⬇オンラインで話しながら状況を可視化し、優先順位と、誰がやるべきかを分ける

困りごと

パソコンでわからないことがあっても聞く人がおらず、調べるのに時間がかかる

⬇いつでもチャットで質問でき、必要ならば代わりに作業をする

困りごと

資料の準備や申込管理、講座のオンライン化などに手間がかかる

⬇事務的なことを一括して引き受ける

など、クライアントに合わせてカスタムでメニューを組んで対応しています。Tさんがうまくいったポイントは、「自分ができること」を組み合わせてメニュー化するのではな

く、「お客様の困りごと」から発想したことです。

当たり前でしょ？　と思われるかもしれませんが、多くの人が「自分ができること」「自分がやりたいこと」を組み合わせてコンテンツ化しようとします。でも、それでは相手が求めていることにはなりません。

もう1つ大切なのは、かといって、お客様が求めていることなら何でもやるのがいいわけではないということです。顧客や見込み顧客は、自分が本当に欲しいものを自分でもわかっていません。だから「こうして欲しい」「こういうサービスがあったら欲しい」と言われたことをそのまま真に受けてサービス化してもうまくいきません。あれもこれも言われたからやろう、では、何の個性もない食堂になってしまいます。イタリアンのお店なのに、「ラーメンが食べたい」というお客様に合わせてラーメンを出してはいけないのです。自分のど真ん中のコンセプト（どんな人にどんな変化を起こせるか）に合ったことだけをする。詳しくは、第3章以降でお話ししていきますが、あくまでもコンセプトありきです。

第3章

自分の言葉をつくる

みんなが当たり前に使っている言葉を疑え

商品やサービスをどう売るかではなく、人間性で選ばれるためには、言葉に「らしさ」が感じられることが大事です。

なんとなくの言葉を使っていては、なんとなくの人にしかなれません。

私が講座やセミナーで多くの起業家や事業主の方に会って思ったのが「**それぞれに熱い思いがあるのに、なぜみんな同じような言葉で書くんだろう**」ということでした。差別化、自分らしさ、人とは違うことがしたい、と言いながら、同じような言葉で、同じようなことを書いているのです。

情報発信している人の多くが、「その職業っぽい」「その媒体で流行っている」文章を書いています。

ツイッターで見るベンチャー起業家は同じようなことを書いている人が多かったり、アメブロで見るコーチングやカウンセリングをしている人が、見分けがつかなかったり。

手あかのついた言葉、よく見る言葉に人は反応しません。

それなら誰が書いても同じなのです。

有名な人の格言は、その人が書くから意味があるのです。松下幸之助の言葉は、本人の背景があるから深みがある。イチローの言葉を引用するだけなら誰でもできる。誰でもできる発信をしている人にファンは付きません。

誰かの言葉の借り物では、自分の人間性は伝わらない。

どっかの誰かが言っていることの受け売りや、テンプレートに当てはめてパッとつくるキャッチコピーでは、自分の価値は伝わりません。

この章では、それっぽいなんとなくの言葉を抜け出し、どうやって「自分の言葉」をつくるのか。そこをお伝えしていきます。


自分の思いを言葉にするのは、シンプルに2ステップです。

❶自分の中で肚落ちさせる
❷相手に響く言葉に変える

「思いをうまく言葉にできない」という人は、相手に伝わる言葉にする以前に、自分が何を言いたいと思っているかを明確にできていないのです。だからまずは、相手に伝わるかどうかは置いておいて、自分の中で「これが言いたい」ということを明確化させましょう。

言いたいことを明確にするには、口に出すか、書き出すか

自分が何を伝えたいかを明確にできていないのに、いきなり書こうとしても何も書けません。同じような言葉ばかり書いてしまう、言葉にすると言いたいことではない気がするというのは、自分の中で言いたいことを明確にしないままに、言葉だけをカッコよくつくろうとしているからです。

講座やセミナーで毎月１００名以上の人の文章を見ていて思うのは、「書こうとするから書けない」ということです。話していると言葉がポンポン出てくるのに、書こうとすると書き言葉になってしまう。講座では、何かテーマを設けてそれについて書いた後に、質問をします。**質問をして自分の口から出てきたことが、はじめから書きたかったことなのです。**

なぜか同じ言葉ばっかり使ってしまう、いつも同じところに思考が止まっていて進ま

ない、という人は、一度思っていることをすべて吐き出してみましょう。

たとえば、映画を見て、その良さをSNSに投稿するとします。

いきなり書ける人はいいですが、何をどう書いていいかわからない人が多いでしょう。その場合は、まず「誰か1人」を決めて、その人に話してみるつもりで口に出して話してみます。話がまとまっていなくても、自分で何が言いたいかわかっていなくてもOKです。

そしてそれを録音してみましょう。すると、自分が何度も繰り返している単語が見つかります。それがその映画について自分が伝えたいことです。

その単語をもとに伝えたいことを構成していけばいいのです（どうやって話を深めるかは第4章で書いています）。

口に出せば、頭にあった言葉を改めて自分の耳で聞くことになります。そうすることで、頭の中にあったときよりも、客観的にその言葉を聞けるようになります。私は、この本の原稿も、見出しのテーマだけを作った時点で、まず話すようにしていました。音声メディアで発信をしているので、毎回10分、1テーマで話し、それを改めて自分で聞きながら原稿を作っていくのです。

自分で話すだけでなく、誰かに聞いてもらうことでも、言葉にできるようになっていきます。会社員時代は、隣の席の同僚に、思いついたアイデアをまだうまく言語化できていない状態でよく聞いてもらっていました。

相手は「それがいい」「悪い」とジャッジしてくる人ではなく、面白そうに話を聞いてくれる人がベストです。自分のことをよく知っている人や、同業者に話を聞いてもらう機会は多いと思いますが、できれば異業種の人、自分をあまりよく知らない人に聞いてもらえると言語化力が高まります。

たとえば交流会などで初めて会った人に、自分の活動や仕事を伝えるにはどう話すか？　そのときに「それってどういうことですか？」「○○って何ですか？」と聞かれるようなことは、一般的に伝わっていないことです。必ずメモをしておきましょう。

何度も繰り返し口にしている単語をフィードバックしてもらったり、「つまりこういうことですか？」と要約してもらうのもいいでしょう。その要約に「なんか違うな」と感じたなら、どこがどう違うのかを掘り下げることで、自分が本当に言いたいことに近づいていきます。

話しているうちに、自分の頭の中が整理されていく感覚は、誰しも経験があると思います。**大切なのは、自分が話している言葉をしっかりメモしておくことです。質問に何と自分が答えたか。そこに重要なポイントがあるのです。**

また、人によっては、話すよりも書き出す方がやりやすい人もいます。その場合は、ノートを広げて、思いつくことを単語ベースでいいので書き出していきます。同じことが頭の中をグルグルするのは、頭の中を視覚化していないからです。今自分の頭の中にどんな言葉があるのかを一度ノートに落として、見える化すれば、そこから新しい言葉が出てきます。

プロのコピーライターでも、いきなり自分の思いを明確な言葉にできることなどないのです。「**なんか違うかも**」**と感じる言葉でもいったん書くことで、次の言葉が見つかります。**それを吐き出さずに、頭の中だけで考えているから、いつまでたっても同じような言葉しか出てこないのです。

人間性を伝えるには「よくあるコトバ」から脱すること

自分が言いたいことがうまく伝わらないと悩む人の多くが、どこかで聞いたような言葉をそのまま書いています。

たとえば、よくあるのがこんなフレーズです。

- 自分らしく生きる
- 好きを仕事にする
- ココロとカラダにやさしい
- 自分も家族も笑顔になれる

それを書いてはいけない、ということはありません。自分がそう思っているならそれを書けばいい。だけど、そのまま書いていては、人と全く同じ。右も左も同じことを書いている人の中で、選ばれる人にはなれません。

よくある言葉を使ったなら、「自分はその言葉をどういう意味で使っているか」という自分なりの定義をつけましょう。

たとえば、「健康」という言葉。

●人生100年時代は、心と体の健康が大切です。

これだと、当たり前すぎて、誰が書いても同じです。自分はどんな意味で健康という言葉を使っているのか？　何がどうなっていれば健康だと思うのか？　そこをしっかり定義しないと自分が本当に言いたいことが伝わりません。

仕事とは？　お客様とは？　採用とは？　というように自分がかかわるジャンルの言葉を自分なりの定義で語れる人が強いのです。

「仕事とは、感謝の対価である」という経営者と「仕事とは、挑戦の場である」という経営者がいたとします。どちらがいい悪いではなく、その人がどこに重きを置いているかがわかります。人は、自分の価値観に合う人を応援したくなるし、価値観に憧れる人のそばで働きたいと願う人も出てくるでしょう。

言葉に自分なりの定義をつける

「自分の言葉で書く」というと、全く新しい造語とか、人が使っていないような言葉をつくらなきゃいけないと思うかもしれませんが、そういうことではありません。流行語大賞に選ばれるような言葉をつくらなきゃいけないわけでもない。

言葉は、文字の組み合わせ。言葉と言葉の新しい掛け算を見つけたり、既存の言葉に自分なりの定義をつけたりすることが「自分の言葉を書く」ということなのです。

「言葉に自分なりの定義を持とう」と言っても、いきなりは書けないかもしれないので、質問をしていきましょう。

まず、図5の真ん中に、自分がよく使う言葉を書きます。

先ほどの例だと「健康」です。

❶そもそも○○とは？

その言葉の辞書的な意味を調べます。

自分がよく使っている言葉も、本来の意味を知らずになんとなく使っていることはよくあります。

❷なぜ○○が大事？

自分はなぜ健康が大事だと思うのか？　自分のビジネスをしていくうえで、健康が大事だと言えるのはなぜか？

❸○○が達成できたら？

健康が達成できたらどんな状態になるか？

何ができれば健康と言えるか？

図5

①そもそも○○とは？ （一般的な定義）	②なぜ○○が大事？ （理由）	③○○が達成できたら？ （達成シーン）
④ビフォーアフターの声 （セリフ）	単語	⑤別の言葉で定義すると？ （言い換え）
⑥パターンに分けると？ （分解）	⑦私にとって○○とは？ （一言または1行で書く＝自分の定義）	

❹ビフォーアフターの声

健康ではなかった人が言いそうなセリフは？　健康になった人が言うセリフは？

セリフで考えることで、概念的ではない、より具体的な言葉が出てきます。

❺別の言葉で定義すると？

健康を別の言葉で言い換えるとしたらどんな言葉になる？

パッと思い浮かぶのは、ヘルスという英語ですが、それ以外にも書き出します。便利なのは類語辞典です。辞書が家になくても、Ｇｏｏｇｌｅで「健康　類語」と検索すれば出てきます。

類語として出てきた言葉をチェックし、これは自分が思う意味に近いな、これは似ているけど違うな、と分けていきます。似ている言葉の違いを意識すると、より鮮明に言いたいことが伝えられるようになります。

❻パターンに分けると？

その言葉について、いくつかのパターンに分けます。２つか３つのパターンに分けるのが考えやすいでしょう。

たとえば、健康には3つのパターンがあります。というように自分でパターン分けをつくるのです。

①ストイックタイプ
②なるようになるタイプ
③情報過多タイプ

というように。正解不正解はないので、自分なりに分ければOKですが、何か根拠があるとさらに良いでしょう。

パターン分け以外にも、ステップにする方法もあります。

たとえば、健康になるための5つのSTEPをつくってみましょう。

STEP1　自分の体の現状を知る
STEP2　どんな体の状態でいたいかイメージをする
STEP3　毎日の食事と運動量を書き出す
STEP4　毎日できることを、食と運動の両面で決める
STEP5　1週間ごとに振り返りをする

このように法則化やパターン化をすることで、自分の持っている経験や情報を言語化

すれば、相手に再現性のある方法で伝えることができます。それが自分だけのコンテンツをつくる方法です。私が「キャッチコピーをつくる5つのSTEP」をつくったのはまさにこの方法です。

また、方程式のようにすることで、伝えたいことを印象付けることもできます。

例 健康は、運動×食事で決まる。

ゼロに何をかけてもゼロになるように、どちらか一方だけに気を使っても健康にはなれない。

❼私にとって○○とは？

これまでの6つの質問で書き出したことをもとに、自分の健康の定義を書き出します。

①そもそも○○とは？ **（一般的な定義）** ● 身体に悪いところがなく、心身が健やかなこと ● 病気の有無に関する体の状態	**②なぜ○○が大事？** **（理由）** 10年後も30年後も好きなことをして生きていたいから	**③○○が達成できたら？** **（達成シーン）** ● 毎朝パッと起きられる ● 仕事がはかどる
④ビフォーアフターの声 **（セリフ）** なぜかいつもしんどい ↓ 何でもできそう	**単語** 健康	**⑤別の言葉で定義すると？** **（言い換え）** 達者、丈夫、壮健 健やか、イキイキ
⑥パターンに分けると？ **（分解）** ①ストックタイプ ②なるようになるタイプ ③情報過多タイプ	**⑦私にとって○○とは？** **（一言または1行で書く＝自分の定義）** 健康とは、仕事がはかどる体のこと	

例　健康とは、仕事がはかどることである。

これが正解、他が不正解ということではありません。この人はこう定義している、ということです。こうして、よく使う言葉に自分なりの定義をつければ、自分の言いたいことが明確になるだけでなく、同業者と同じようなことばかり書いてしまうという悩みから抜け出せます。やみくもに語彙力を増やそうとするよりも、自分が普段よく使う言葉の意味を明確化させ、類語を見つけ、自分なりの定義をつける方が役立ちます。

さらに、この表に書き出したことをもとにキャッチコピーやタイトルをつくることもできます。

キャッチコピーの例

- 健康とは、仕事がはかどる体のこと。
- 「なぜかいつもしんどい」を「何でもできそう！」に変える。
- 10年後も30年後も、好きなことをして生きていきたい。
- 毎朝パッと起きられるなんて、何年振りだろう。

ベタに書いて、尖らせていく

私が打合せでよくやるのは、「ベタに言うと何？」を決めてから、言葉を尖らせていく方法です。「ベタ」というのは、よくある表現という意味です。よくある言葉で言いたいことを決めて、それを自分なりの表現に磨いていくのです。いきなり自分の言葉を書こうとするよりも、言いたいことが先に決まっている方が、言葉がブレずに伝わります。

広告を作るときにクライアントと打合せする際も、コピーの方向性をまず「ベタで言うと」で決めて、そこからオリジナルの言葉をつくります。

ベタな言葉で、言いたいことが決まったら、P.113の図5の真ん中にその言葉やフレーズを入れて、自分なりの言葉を見つけていきましょう。

動詞を変えると新たなコンテンツが生まれる

今やっているビジネスや活動の「動詞」を変えると、新たなビジネスが生まれます。たとえば、ケーキ屋さんなら、「ケーキを作る」「ケーキを売る」のが仕事です。それを「作る」「売る」の動詞を変えて「作り方を教える」「売り方を教える」にすれば新たなサービスが生まれます。新型コロナウイルスの影響で、社会は一気にオンライン化が進みましたが、そこでうまくサービスをオンライン化できたのは、この「動詞を変える」ができていた人や会社でした。

ケーキを「作る」から「作り方を教える」に変えれば、オンラインレッスンができますし、スイーツの作り方を教える動画教材もできます。おうちでかんたんにケーキが作れる「ケーキ作りキット」なども発売できるかもしれません。

一般向け、小学生などの子ども向け、親子向け、男性向け、またはパティシエを目指す人向け、さらにケーキ屋さんを営んでいる人向けの販売マニュアルなどの「プロ向け」も可能でしょう。「作る」「売る」という動詞を「作り方を教える」「売り方を教える」に変え、ターゲットも「一般」「子ども」「親子」「プロを目指す人」「プロ」と変えていけば、いくつものピースが見つかります。

自分のやっていることとやりたいことの、動詞を変えればどんな可能性が広がるか？考えてみるのも面白いものです。

伝わりやすい言葉をつくる3つの往復運動

❶具体と抽象を往復する

　話がわかりにくいときに「もっと具体的に話してください」と求められたり、「言葉が抽象的でわかりにくい」と言われたりします。

　一般的には、「具体的＝わかりやすい」「抽象的＝わかりにくい」と認知されていることが多いと感じます。

　じゃあ、すべて具体的にすればいいかと言うと、そうではありません。

　具体的に書くとわかりやすくはなりますが、全体像を捉えることはできないからです。「具体的に話して」と言われて話したけれど、その一部分だけを取り上げられて、「本当に言いたいことはそんなことじゃないのに」「それは一例に過ぎないのに」と感じたことがある方も多いでしょう。私も講座で受講生の話がわかりにくいと、「具体的に言うと?」と聞きますが、じゃあその具体例を書けばいいかと言うと、それは一部で全体ではないのですべてが言えている気がしない、と言われます。そのジレンマは誰もが感じることかもしれません。

そもそも、具体的、抽象的とはどういうことでしょう。

私は、

●具体的＝目に見えている個別のデキゴト
●抽象的＝目には見えない本質、概念

と定義しています。

文章を書いたり、自分の思考を深めたりする際は、具体と抽象を行き来することが大事です。

まず具体的なことを書き出し、そこから抽象度を上げて考え、もう一度具体的にする。そうすれば最初の具体的なこととは違う、新たな言葉が出てきます。

たとえば、ダイエットプログラムをつくるとします。

まず、ターゲットにしたいと思う人たちが感じている悩みを「具体的に」書き出します（①具体化）。

●ダイエットをしても続かない
●体重が落ちても体型が変わらない
●我慢しなきゃと思うと余計に食べすぎてしまう
●体重が落ちてもすぐにリバウンドしてしまう

ばらばらに見える悩みを、「つまりどういうこと？」「要するに何に悩んでいるの？」と俯瞰してみると、共通点が見えてきます（②抽象化）。

共通しているのは、「我慢し続ける方法しか知らない」ことです。

そうして抽象化したものを、別のものと掛け合わせると新たなアイデアが出てきます。

たとえば、「我慢しなくてもできること」は他に何があるかを考える。ゲームだったら我

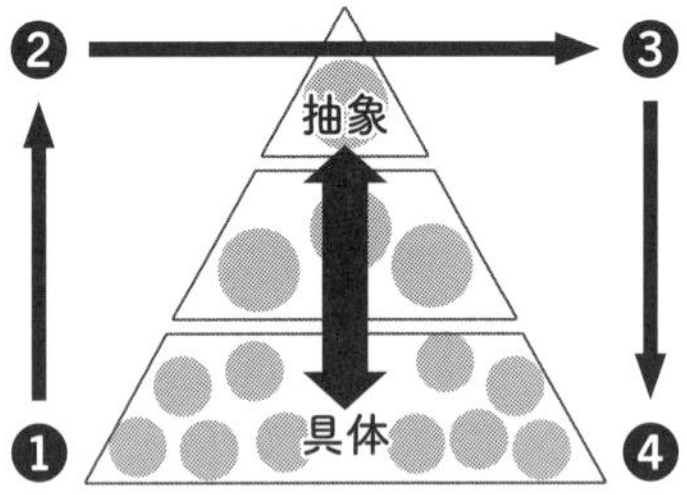

❶ 1つ1つの出来事を書き出す
❷ 本質を抽象化する
❸ 他のもの（経験や知識、他ジャンルのものなど）と掛け合わせる
❹ 再現可能な方法に落とし込む

抽象化 本質 **To Be** つまり？要するに？共通点は？

具体化 本質 **To Do** たとえば？具体的に言うと？

慢しなくてもできる、ユーチューブを見るのは我慢しなくてもできるなど。見つけたらそれをダイエットと掛け合わせたら何ができるかを考えます（③抽象化）。

● ゲームのように対戦型になっているダイエットプログラムはどうか？
● 好きなユーチューバーがその日の歩数に合わせて褒めてくれるのはどうだろう？

そして最後に、それを具体的なＴｏＤｏに落とし込めば、プログラムがつくれます（④具体化）。

この「抽象と具体の往復運動」は、自分のキャリアの棚卸しにも使えます。

たとえば、プロスポーツ選手の引退後の就職は、子どもの頃からそのスポーツ一筋に取り組んできた人ほど難しいと言われていますが、抽象度を上げて考えると、使えるスキルが見えてきます。

例 プロサッカー選手

サッカーで何ができるか、どんなことを達成したかばかり考えていると、サッカー関連、スポーツ関係の仕事に限られますが、たとえば「目標を決めて達成する力」「チームをまとめてモチベーションを継続させる力」「人を巻き込み応援される力」というように抽象度を上げて考えれば、それが生かせる業界、業種は広がります。営業、広報などの仕事には「目標達成力」「チームをまとめる力」「人を巻き込む力」のある人材を求める会社は多いでしょう。そこをアピールできれば門戸は広がります。面接の際には、自分がやってきたことを具体的に挙げ、それをこの会社でどんなふうに生かせるかを伝えれば良いでしょう。

さらに言うと、具体と抽象の運動は、自分の生き方を決める際にも役立ちます。

たとえば、「自分はどんな風に生きたいか？」そんな壮大なテーマをいきなり明確に言語化できる人はいません。

そんなときはまず「憧れの人」「なりたい自分像に近い人」を見つけます。そしてその人のどこに惹かれるかを分解して具体的に書き出してみましょう。

たとえば、カッコいいから憧れるのならば、どこがどうカッコいいのか？　何をしているのがカッコいいのか？　と「カッコいい」という言葉を細分化していきます（①具体化）。

仕事のやり方がカッコいい、服装がカッコいい、話し方がカッコいい、生き方がカッコいい、など色々あるでしょう。カッコいい以外には何があるでしょう？　「行動力がある」と思ったならまたその「行動力がある」を細分化します。

次に書き出した具体的な事例を抽象化します。その人はどんな人なのか、これは短くビシッと言えなくても大丈夫です。たとえば、「言っていることとやっていることがブレていなくて、常に新しいことに挑戦している」というように（②抽象化）。

そこから、自分ならどう生きていきたいかを、自分の言葉で考えていきます。「失敗を恐れず常に挑戦し、いいところも悪いところも見せられる人でありたい」「自分より若い世代が憧れるような人でいたい」というように、思いつくままに書けばＯＫです（③抽象化）。

それを最後に、具体化し、ＴｏＤｏに落とし込んでいきます。

なりたい自分像を「若い世代が憧れるような人」と定義したなら、そのために今からできることを書き出していくのです（④具体化）。

たとえば、

- 仕事で新たに挑戦するときはその舞台裏も発信する。
- 普段仕事では触れ合わない世代の人と交流する機会をつくる。
- コンビニ食をやめ、１日１食は自炊する。

など、今からできることを書き出すことで、行動できる人になれるのです。

❷ 対極の意見と往復する（否定を入れると文章は強くなる）

伝わりやすい言葉をつくる3つの往復運動の2つめは、対極の意見との往復です。何か意見を述べるときに、反対意見を想定して書く。そんなことはわかったうえで書いていますというスタンスで書けば、説得力が増します。

例文

健康になることと、体を鍛えることは同じではない。

体を鍛えることで、かえって不健康になる人もいるからです。たとえば、24時間のジムに行って夜中にトレーニングをして睡眠時間を削ったり、食生活に気を使わずにプロテインを飲んでいたりすることが、果たして健康だと言えるでしょうか。もちろん、トレーニングをしたら汗をかいて健康じゃないかと思う人もいるでしょう。

しかし、ジムなどのトレーニングやスポーツは体の一部しか使わないので、それがすなわち健康ではないのです。

日常の中でも体は鍛えられます。できないことをやろうとするとストレスになるので、できることをちゃんとやればいい。そうすることで健康になることができるのです。

「トレーニングをすれば汗をかくのだから健康的だという意見もあるでしょう」とあらかじめ反対意見を入れ、それに対する反論を次に書いているため、説得力が増します。また、読んだ人が「あ、私もそう思っていた」「そこが気になったんだよね」と反論の部分に共感することもあります。

予想される反論とは、文章を読んだ人が「それって違うんじゃない?」「こういうこともあるんじゃないの?」とツッコんできそうなことです。

主張とは、「自分の言いたいこと」です。主張に正解・不正解はなく、正しいか間違っているかは人によって解釈が分かれます。

自分の思いはあくまでも自分の思いとして書く。そしてそれを相手がどう受け取ってもいいと割り切る。そのうえで、反論をあらかじめ予想しておき、それに対する答えも用意しておくのです。この反論は、自分だけでは考えにくいかもしれないので、主張を誰かに話してフィードバックをもらう、またはその話をしたときによく人からされる質問を考えるのもいいでしょう。

もともと、世の中の多くの人が考えていることの反対を主張にするのも強い文章を書く1つの方法です。予想されるツッコミのところに、世の中の多くの人が考えているであろうことを書き、自分の主張にはそれの対極のことを書くことで、主張を尖らせることができます。

また、この「対極の意見との往復」は、商品・サービスの紹介文でも応用できます。

例文

天然の国産材料だけを使ったふりかけです。やさしい味なので、毎日食べても飽きがきません。たとえば、トーストの上にマヨネーズやチーズと一緒に乗せて焼いたり、エビフライの衣に混ぜたりしてもおいしいです。

天然の素材だけで物足りなくない？　味が薄いんじゃないの？　という声もあるでしょう。

そこで、干し椎茸を隠し味としてブレンドすることで、化学調味料無添加なのに驚くほど濃い味を実現しました。今までのふりかけは、子どもに食べさせるのが不安、毎日食べるには健康的なものを食べたい、という方はぜひお試しください。

主張　～と思います。～です。
←理由　なぜなら
←具体例　たとえば
←予想される反論・ツッコミ　もちろん～
←反論への反論　でも～
←主張（くりかえし）　～です。

「天然の素材だけで物足りなくない？」「味が薄いんじゃないの？」という反論、ツッコミを入れたことで、「気になっていることを教えてくれた」という共感につながり、より説得力の増す文章になりました。読者が感じるかもしれない不安をあらかじめ書いておくことで、そこまで考えているんだという信頼にもつながります。

自分の文章や商品・サービスに対して、反論があるとしたらどんなことだろう？　ツッコまれるとしたら？　この主張の反対意見にはどんなことがあるかな？　とあらかじめ考えそれに答えを出しておくことは、自分の意見をより明確にするためにも、相手に納得してもらうためにも大事なことなのです。

これは、企画書や提案書を書くときにも使えます。提案に対して相手が不安に感じるであろうことをあらかじめ予測し、それに対する答えを用意しておくのです。そうすることで、「自分たちのことをわかってくれている」「広い視野で物事を捉えている」という安心・信頼につながるのです。

❸もう1人の自分と往復する（メタ認知文章術）

最後は、もう1人の自分との往復です。文章を書くのが得意な人は、「自分を俯瞰的に見られる人」です。イメージ的には、もう1人の自分が天井から自分を見ているような感じでしょうか。何かを実行している自分の頭の中で働く「もう1人の自分」のことをメタ認知と呼びますが、それに近い感覚です。

頭の中で、文章を書いている自分とは違うもう1人の自分と会話をしながら書きます。もう1人の自分は、いわば読者です。その人に話しかけるように書くと、「書こう」という意識が薄れ、話すように書けるようになります。「うん、うん」「なるほど」と相槌を打ちながら書くと気分がいいですし、「それで?」「どうなったの?」と合いの手を入れれば話が展開しやすくなります。もう1人の自分は、書き手である自分とは違い、そのことについて詳しく知らなかったり、まだ興味がなかったりします。そういう人に対して、何をどう話せば伝わるのかを常に考えながら書いていくと、自分の主観が薄れ、客観的にわかりやすい話が書けるようになります。

そして、書いた後は、もう1人の自分がツッコミを入れます。

「何カッコつけてんの?」「これで本当にわかるの?」「いや、それはあんたの話じゃん」「その言葉は、みんな知らないよ」「そんな奴、おらんやろ」「知らんがな」

こんな感じで自分が主観的に書いた文章を、もう1人の自分の目で見て、客観的にツッコんでいきます。慣れれば書きながらできますが、慣れるまでは少し間を置くのがベターです。一度トイレに行く、ご飯を食べる、寝る。時間がないときは、プリントアウトして読む、パソコンで書いたならスマホで見る、スマホで書いたならタブレットで見るなどデバイスを変えるのもおすすめ。見た目が変わると、客観視しやすくなります。

多くの方の文章が、主観的であるあまり、何が言いたいか伝わりにくくなっています。だからこそ、もう1人の自分の視点で、客観的にツッコむことが必要なのです。

自分が伝えたいことを相手が求めることに変換する

人は基本的に自分の興味のあることにだけ興味があります。当たり前のことですが、いざ書き手となると多くの人がこれを忘れてしまいます。相手は「自分に関係あること」その中でも「自分にとって何かよさそうなこと」を求めているのです。それ以外は、あふれる情報の中で華麗にスルーされていきます。

だから、書き手は、「自分が伝えたいこと」を「相手が知りたいこと」に変換しないといけない。変換をせずに自分の伝えたいことをそのまま書いているから伝わらないのです。

どんなにいい素材でも生肉をそのまま出されては食べられません。相手が食べられる状態に調理しないといけない。なのに、煮たり焼いたりの過程をすっ飛ばしてスパイスだけをかけたような文章があふれています。

お店のホームページなのに、事業計画書で書くような言葉をそのまま書いている人が多いと感じます。飲食店のホームページに「顧客満足度を高めるサービスを」と書いてあっても、顧客からしたら「?」です。自分を満足させてくれるために何をしてくれるのか？　知りたいのはそっちです。人は自分の変化を知りたいのです。

自分が言いたいことを相手が求めていることに変換するには、2ステップです。

❶相手にとってどういいか（メリット＝効果）
❷それで相手の未来がどう変わるか（ベネフィット＝未来の幸せなシーン）

メリットとは「変化」です。「こんなことに悩んでいた人が、こういう風になれる」という変化。人が知りたいのは、自分がどうなれるかという変化なのです。

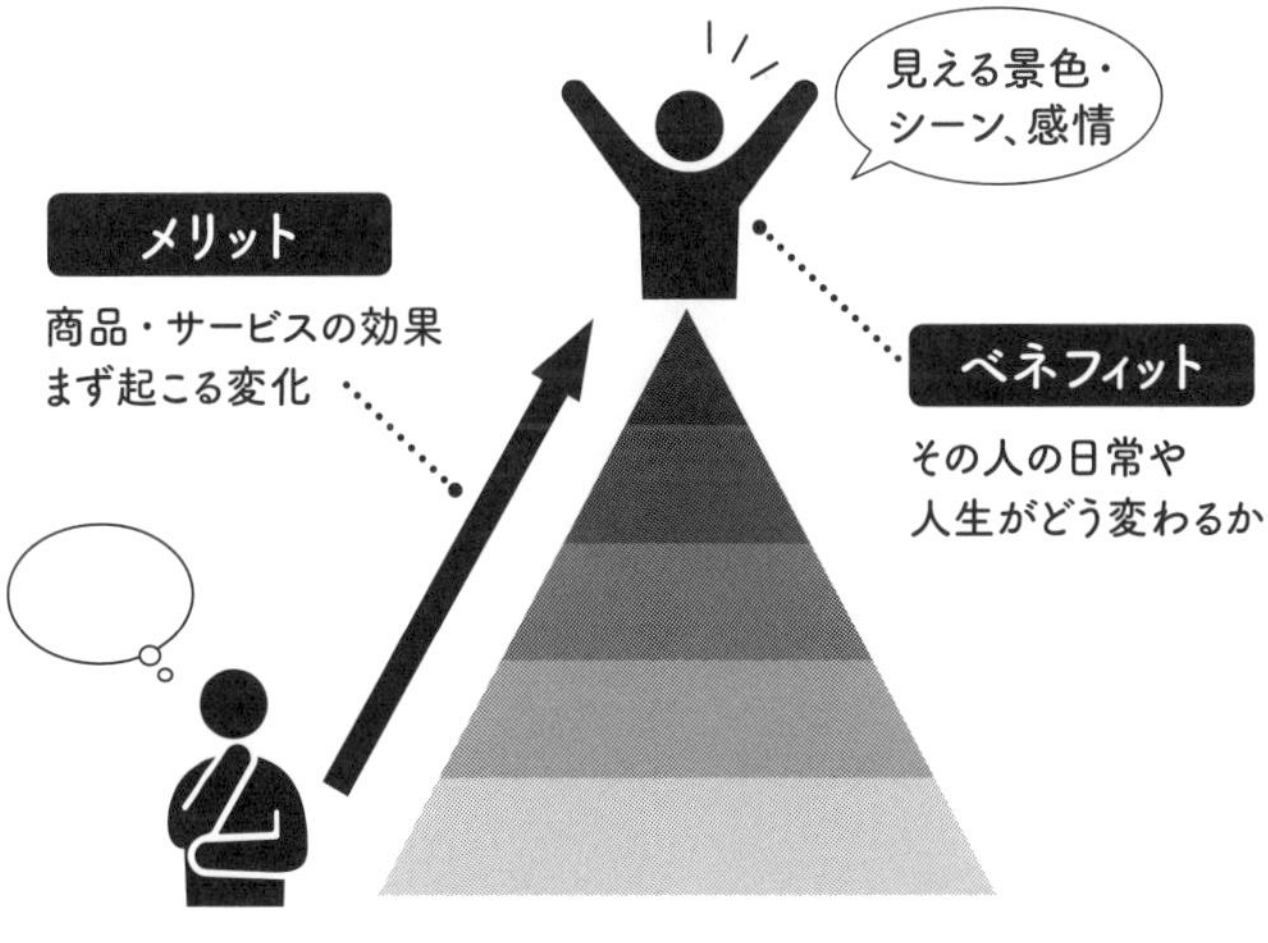
見える景色・シーン、感情
メリット
商品・サービスの効果
まず起こる変化
ベネフィット
その人の日常や
人生がどう変わるか

なのに、多くの人が変化ではなく「方法」を語ろうとします。伝えるべきは「ビフォーアフターの変化」であって、「何をするか」という方法ではない。これは、商品・サービスを伝えるときも、自分のビジネスを語るときも、最も大事な大前提です。

わかりやすいのは、ライザップのCMです。「太っていた人がキレイに痩せる」「ぷよぷよだった人がムキムキな体になる」という変化を伝えていて、その方法は語っていません。

ライザップの方法は、マンツーマントレーニングと糖質制限による食事管理だそうです。でもそんなことは言っていない。「方法」は「変化」に興味を持ってくれた人に後から伝えればいいのです。

そして、その変化によって見える世界が「ベネフィット」です。たとえば痩せた先にどんな世界が広がっているのか。素敵な異性が街で自分を見て振り返るのか、あきらめていたタイトなドレスが着られるのか、高級なスーツをビシッと着こなせるのか、まわりから尊敬のまなざしで見られるのか……。そのような「シーン」を具体的に描くと、「自分もそうなりたい」と人は感情を動かされるのです。

自分が言いたいこと

○○GBメモリ、CPU○○○○のハイスペックノートパソコン

相手にとってどういいか（メリット） ※約束できること

「今までのパソコンの何に困っていましたか？（悩み）」

「何に使いたいですか？（理想）」

- 動画編集に時間がかかっていたのが解消できる
- 持ち運びが軽くて、荷物が減らせる
- 長時間リモート会議をしてもサクサク動く

どのように生活（人生）が良くなるか（ベネフィット） ※約束できなくてもいい

「使うことでどんな生活が手に入ったら最高ですか？」

- 家の中でもカフェでもサクサク動画編集ができて
  そのままSNSにアップできる
- いつものカバンにさっと入って、
  取り出すたびに「カッコいいね」と言われる

多くの人が、シーンを書かずに「概念」だけを書いている

たとえば、お片付けのサービスがあるとして、

「環境を改善できる」は概念。

「子どもが寝た後でゆっくりソファでくつろげる」がシーン。

パッと見た瞬間に、絵や映像が思い浮かぶ言葉を書くのがポイントです。


もう1つ例を挙げましょう。「大人数の前で話す声の出し方」を伝えるとします。

「腹式呼吸をしましょう」

「放物線を描くように声を出すのがポイントです」

なんて言っても伝わりません。


このようなフレーズはどこかで聞いたことがある気がしますが、それができないから困っているのです。

そういうときは、「会場の奥にある〝非常口〟のサインを見ながら話しましょう」と伝

えればよくわかります。「そうすれば、自然と目線が上がり、おなかから声が出るんです」と言われれば納得します。

私たちは、つい概念的なことだけを書いてしまいがちです。だけど、「相手がイメージできない言葉」を書いても伝わらないのです。

絵や映像が思い浮かばない＝伝わっていない

これは、先ほどの抽象化・具体化の話にもつながりますが、概念的な言葉だけでは、相手には伝わりません。相手が一度頭で考えてから具体的なシーンに自分で落とし込まないといけないから、伝わるのに時間がかかるのです。そして、シーンに落とし込む際に、人それぞれ違う絵を思い浮かべることがあるため、間違って伝わってしまうこともあります。

かわいい女の子

どんな女の子を思い浮かべるでしょう。

5歳の幼児を浮かべる人もいれば、18歳の清純派アイドルを思い浮かべる人、またはアニメキャラを思い浮かべる人もいるでしょう。思い描く絵が人によって違う＝伝わっていないということです。

…広い家…

これも、人によって定義が異なる言葉です。御殿のような家を思い浮かべる人、3LDKのマンションを思い浮かべる人、住まいは小さくても庭が広い家を思い浮かべる人。何人で住むのか、今までどんな家に住んでいたのかなど人によって何を「広い家」と言うかは様々です。

かわいいも広いも概念です。それを具体的に絵が思い浮かぶように書くからこそ、人の頭ではなく心に届く、スピード感のある言葉になるのです。

目に見えるものをビジュアル化するトレーニング

ではどうすればシーンが書けるようになるかと言うと、「目の前にあるものを、それを見ていない人にわかるように伝えるトレーニング」が有効です。

たとえば、目の前にマグカップがあるとします。

オシャレな北欧のマグカップです。

これで伝わるでしょうか？　オシャレな、素敵な、などもよく使いがちな言葉ですが、何をオシャレと感じるかは人それぞれなのでビジュアル化できていません。

ビジュアル化するには、たとえば次のように書きます。

白地で丸みのある陶器のマグカップです。持ち手は指が2本ゆったり入る大きさで、線が細く繊細な印象です。下半分に木と鳥の模様が紺色で描かれています。柄の部分がぽこぽこと盛り上がっていて、ずっと触っていたくなります。持った感じは少しずっしりと感じます。コーヒーや紅茶はもちろん、緑茶にも似合いそうです。

目に見えたこと、五感で感じたことを、そこにいない人にもイメージしやすいように書くのです。イメージとしては、ラジオの実況中継が近いです。野球放送をラジオで聞いたことがあるでしょうか。

ピッチャー、1塁方向をちらっと見て、投げました。ボール。内角高めに外れています。キャッチャーの○○が慌ててマウンドに駆け寄っていきます。どうでしょうか。表情を見る限り、デッドボールの影響はないように見えますが、先ほどから何度か左肩に触れるようなしぐさを見せているピッチャーの〇〇。

ラジオの中継は、視覚情報がない分、言葉でそれを補ってくれます。読んだだけで絵が思い浮かぶ文章は、このように視覚情報を言葉にするということです。

このようなビジュアル化のトレーニングをすると、ベネフィットのシーンを描くときにも言葉が出てきやすくなります。

映像で伝わる情報量は、言葉だけの情報量の5000倍とも1万倍とも言われています。言葉だけで、映像と同じだけの量の情報を伝えることなど無理なのです。だから、「何を伝えて」「何を伝えないか」を見極めることが大事です。ダラダラと見えたものをすべて伝えるのではなく、相手が必要としていることを映像化して伝えるのです。

そのために大事なポイントは、相手が知りたいことを、相手が理解できる言葉で書くこと。

たとえば、北欧柄と聞いてイメージできる人なのか？

陶器という言葉を知っているか？

そもそもマグカップや食器に興味のある人なのか？

どんな言葉を書けば伝わるか、相手が何に興味があるか、つまりは「相手の前提」をわかっていなければ、ビジュアル化もできません。相手が「何を欲しているか」を知らなければ、何を伝えればいいかもわからないのです。

伝わる文章の基本は、相手が知りたいことを、相手が知りたい順番で書くこと。それには、相手が誰かが決まっていないと書けません。

「誰に伝えるか」をしっかり定めておくことが、文章を書くうえで大事だということが改めてわかります。

それは目的なのか手段なのか？

たとえば「部屋を片付けたい」という女性がいるとします。部屋の片付けは目的でしょうか？　手段でしょうか？

「なんのために片付けたいの？」

「部屋を片付けてどうなりたいの？」

と質問していくと、

「家事が速くできるようになりたい」
「自宅でサロンや講座ができるようになりたい」
「子どもや夫にイライラせずに過ごしたい」
などいろんな答えが出てきます。

そうなると、「家事を速くする」「自宅でサロンや講座をする」「子どもや夫にイライラしない」という目的をかなえるには、片付け以外にも手段はあるかもしれません。

「手段」よりも「目的」の方が相手の悩みを一段深く掘り下げることができるのです。

そして、「自分はどんな人を救いたいのか」「どんな人の役に立ちたいのか」を考える際も、ターゲットは「手段」ではなく「目的」で決めると広がります。

つまり、自分が片付けサービスをやっている場合、片付けたい人だけではなく「家事をスピードアップしたい人」を発信のターゲットにするのです。

そうすれば、「今すぐ片づけたい」と思っていない人（まだ気づいていない人）にも、片付けという選択肢があるよと伝えられます。

この場合も、片付けたい人がたくさんの目的を持っている中で「どこを自分のターゲットに決めればいいいか」は、自分の人生の掘り起こしをすれば見えてくるはずです。

自分をコンテンツ化した例③

下請けから脱却し、自分が決めた価格で自分を売り出す

デザイナーやライター、イラストレーターなどクリエイティブ系フリーランスの人も、SNS発信を味方につけて自分のコンテンツを作ることが可能です。クリエイターとして独立したり副業したりしている方の中には、クラウドソーシングを使って仕事を得ている人が多く見受けられます。スタートには最適ですが、いつまでもそれだけに頼るのはおすすめしません。理由は2つ。1つは、一定ラインで収入の頭打ちが起こること（そもそもの単価が安いことが多いうえに、高収入の案件を獲得しようとしてコンペで疲弊してしまう人が多い）。もう1つは、そのプラットフォームの都合で仕事がなくなる可能性もあることです。

クラウドソーシングに頼らず、「直接自分に仕事が来る」しかも「相手の提示した金額ではなくこちらが決めた金額で仕事の依頼が来る」のが理想です。

Aさんは、会社員をしながらクラウドソーシングでライターの仕事をしていました。1記事数百円～数千円。相手の評価でランクが決まりますから、いい記事を書こうと思うと、下調べをしたり、推敲したりするのに時間がかかります。副業に充てられる時間をすべて使っても、毎月数万円の稼ぎにしかなりません。クラウドソーシングで知りえた企業と直接やり取りをすることもルール上できません。

次にAさんが考えたのが、自分のホームページを作り、自分ができることとその金額をメニューにして書き出すことだったのですが、待っていてもなかなか依頼は来ません。

視点を変えて、「自分はどんな人にどんな変化を起こせるか」というコンセプトをまずつくりました。Aさんは40代の男性です。本業では、7～8名のチームをまとめるマネージャーをしていました。そこで、初めてマネージャーになった人や、チームをまとめるポジションにいる人に向けた、マネジメントのコツをブログで発信。有名な起業家や経営者が語るマネジメントではない、現場に即したマネジメントの話が人気となり、BtoB企業からライターとしての仕事の依頼が来るようになりました。自分が設定した金額で仕事を請け負えるようになり、その後はライティングの域を超えた広報支援として企業と年間契約を結ぶようになりました。

第4章

日々の出来事をすべてコンテンツにする

人が夢中になるのは、主人公が成長するストーリー

「どうすれば売れるか」より「どうすれば顧客とつながっていられるか」が重要な時代には、発信する内容も変わってきます。商品・サービスがどういいかだけを伝えていても、売れ続ける人にはなれません。フォロワー数を増やすためにバズるコンテンツを作っても、一過性のものであれば信頼されません。

ここでは、「長く売れ続ける人」になるために何を発信していけばいいかをお伝えしていきます。

映画やドラマ、小説やゲームでも、人気があるのは「主人公が成長していくストーリー」です。主人公が逆境を乗り越え、その過程でミッションを見つけ、様々な人に出会って人として成長していくストーリー。面白い小説は、ミステリーでも恋愛小説でも、主人公に対して残酷だと言われています。主人公に変化のない物語に人の心は動かされません。ロールプレイングゲームも同じで、様々な試練の中で敵を倒しながらレベルアッ

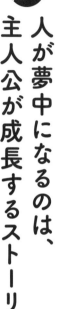

プして、最後にボスキャラに打ち勝つことで、ゲームのプレイヤーは達成感を味わえるのです。

一流のプロフェッショナルの生き様を伝える『プロフェッショナル 仕事の流儀』や『情熱大陸』が人気なのも、順風満帆な人よりも悩みや葛藤を抱えている人の生き方に人は共感するからでしょう。

ネットを使った発信もこれと全く同じだと私は考えています。

「私の人生はそんなにドラマチックではない」という声が聞こえてきそうですが、特別な事件やシチュエーションが必要なのではありません。むしろ、普通の人の成長ストーリーの方が面白かったりもするのです。

大事なのは、**読者が思わず応援したくなるようなストーリーを見せていくこと**です。情報があふれている

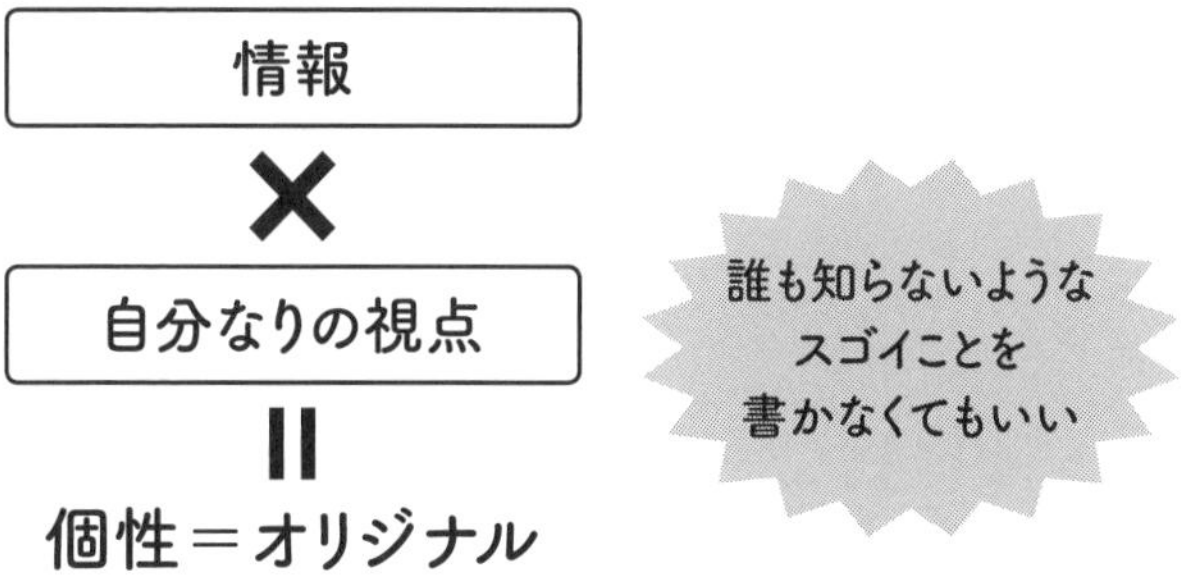
情報
×
自分なりの視点
=
個性＝オリジナル
誰も知らないような
スゴイことを
書かなくてもいい

ＳＮＳ時代には、1人で孤高に頑張るよりも、自然と応援される人になる方が効率的です。この人を応援したいと思うから情報が拡散される、この企業を応援したいと思うからモノが売れる。

だけど、そこに意図的なものが見えると人は冷めます。シェアしたら○○がもらえる、というキャンペーンを打つよりも、自然と「応援したい」という気持ちになってシェアしてくれる人（＝ファン）を増やす方向で考えましょう。

ＳＮＳで応援される人になるには、何を発信すればいいか？

そもそも、人が応援したくなるのはどんな人でしょうか。

❶成長過程が楽しみな人
❷頑張れば自分もそうなれそうと思う人
❸その人が実現しそうな未来にワクワクする人

①成長過程が楽しみな人
デビューしたばかりのアイドルや、仮面ライダーに出ている若手俳優のイメージです。

特別歌がうまいとか演技がうまいわけではないけれど、応援したくなる。高校球児もそうですね。起業家や個人事業主でも、「この人がんばっているから応援したい」と思わせる人がいます。

②頑張れば自分もそうなれそうと思う人

少し先を行く先輩のような人です。共感と憧れが入り混じり、自分も頑張ればあの人みたいになれると感じるから、その人の一挙手一投足が気になる。その人の頭の中がどうなっているのか見てみたい。

ここで注意すべきは少し前の「憧れマーケティング」との違いです。以前は、キラキラと着飾り華やかな場に集う人や、良い車や都会の一等地のオフィスなどに憧れが集まっていましたが、今はそういう「オモテ面」だけに人は惹かれません。SNSのガラス張りの世界では、その「裏側」にこそ価値があるからです。毎朝キレイに身支度をしてインスタライブをする人が、実は早起きが苦手な中どうやって準備をしているかの裏側コンテンツに人気が出たりするのです。「この人も自分とそんなに変わらない」と感じ、それでも成功しているのはなぜか、そこが知りたいのです。

私も以前、人前で堂々とプレゼンをし、メディアにたくさん出ている人が「自分のダメなところ」を発信していたことに共感した経験があります。作り上げたオモテ面だけでは支持されなくなってきています。

③その人が実現しそうな未来にワクワクする人

その人が実現したいと目指している未来に自分も生きたいと思わせてくれるような人です。何が正解か先が見えない時代に、「こんな社会がいいよね」「こんな生き方があるよ」と示してくれる人。この人がつくる未来が楽しそうと感じる人、今の時代の社会的な課題を解決してくれそうな人も応援したくなります。たとえば、新しいビジネスに挑戦している人、サスティナブルな商品を売っている人、老舗の後継ぎとなってがんばっている人等は応援したくなります。

できなかった経験は、最強の武器になる

情報を発信する場がテレビや雑誌などのマスメディアしかなかった時代は、完璧に準備して発表するのがスタンダードでしたが、表裏がすべて見えてしまうSNSの時代では「過程」そのものがコンテンツになります。

人間性で売れ続けるSNS発信

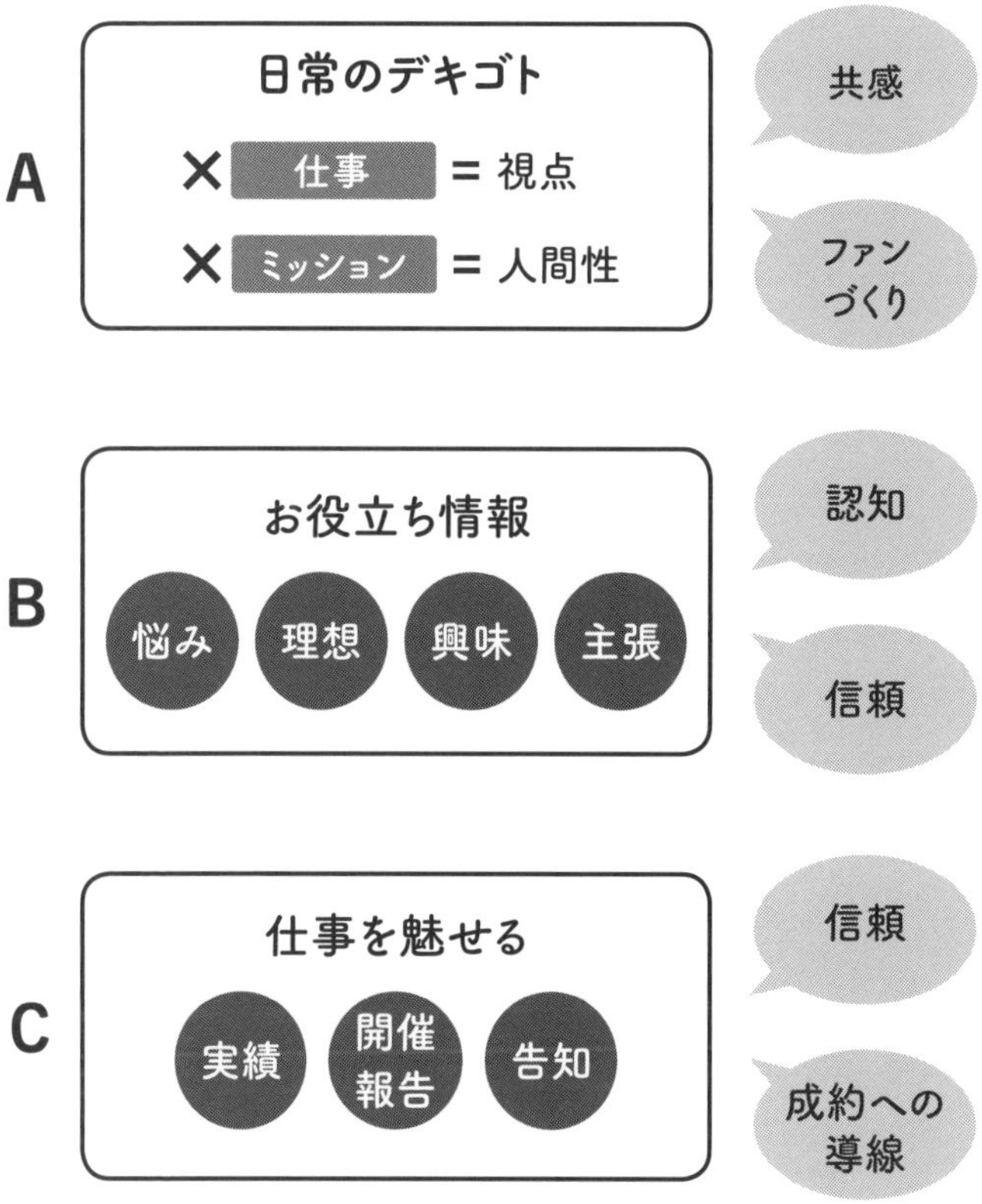
A
日常のデキゴト
× 仕事 ＝ 視点
× ミッション ＝ 人間性
共感
ファンづくり
B
お役立ち情報
悩み
理想
興味
主張
認知
信頼
C
仕事を魅せる
実績
開催報告
告知
信頼
成約への導線

A：B：C ＝ 4：3：3

完璧な自分を見せようとしなくてＯＫ。成功する保証がなくたって挑戦する姿に共感が集まるし、いつもはビシッとしている人のふとした弱さに人は心を動かされるのです。自分を演じようとしなくても、日常の出来事がすべてコンテンツになるのです。

かといって、「今日のお昼ごはん」をつぶやくだけで喜ばれるのは、芸能人かよっぽどの人気者だけ。「〇〇駅周辺のおいしいランチ情報」を発信したとしても、自分のビジネスやミッションと関係なければ意味がありません。

「日常をコンテンツにする」には、具体的にはどうすればいいのでしょうか。

結果を出す人は、日々の出来事を仕事やミッションに結び付けて書いている

会ったことがない人のブログやメルマガ、ＳＮＳを見て、「この人に会いたい」「この人に直接話を聞いてみたい」「この人がいいと言うものなら欲しい」と思うのはどんな人でしょうか？

フォローしたいと思う人は、「自分が知りたいこと（ノウハウ・情報）を教えてくれそうな人」かもしれませんが、会いたい、この人が言うなら欲しいとまで感じるのは、

●この人の考え方が好き（興味深い）
●この人みたいになりたい

と感じる人ではないでしょうか。

つまり、この本のテーマである「人間性」です。

私は、人間性は「視点」と「ミッション」に表れると定義しました。

視点とは、モノの味方です。どんな観点からモノを見るか。ある事象に対して、どん

な立ち位置で見るか、目の付けどころです。

その人なりの視点が面白いと感じるから、人はその人の発信に惹かれるのです。

どんな出来事でも、どの角度から見るかによって、見え方は変わります。自分なりの視点を持つには、まずは「自分の立ち位置」を決めなければいけません。

立ち位置とは、そのランチに対しておいしいと思ったか、まずいと思ったかという意見のことではありません。そうではなくて、自分は何の専門家として書くか、ということです。

友人4人でランチに行ったとします。あなたは何を書くでしょうか？

「今日は、〇〇でランチを食べました。おい

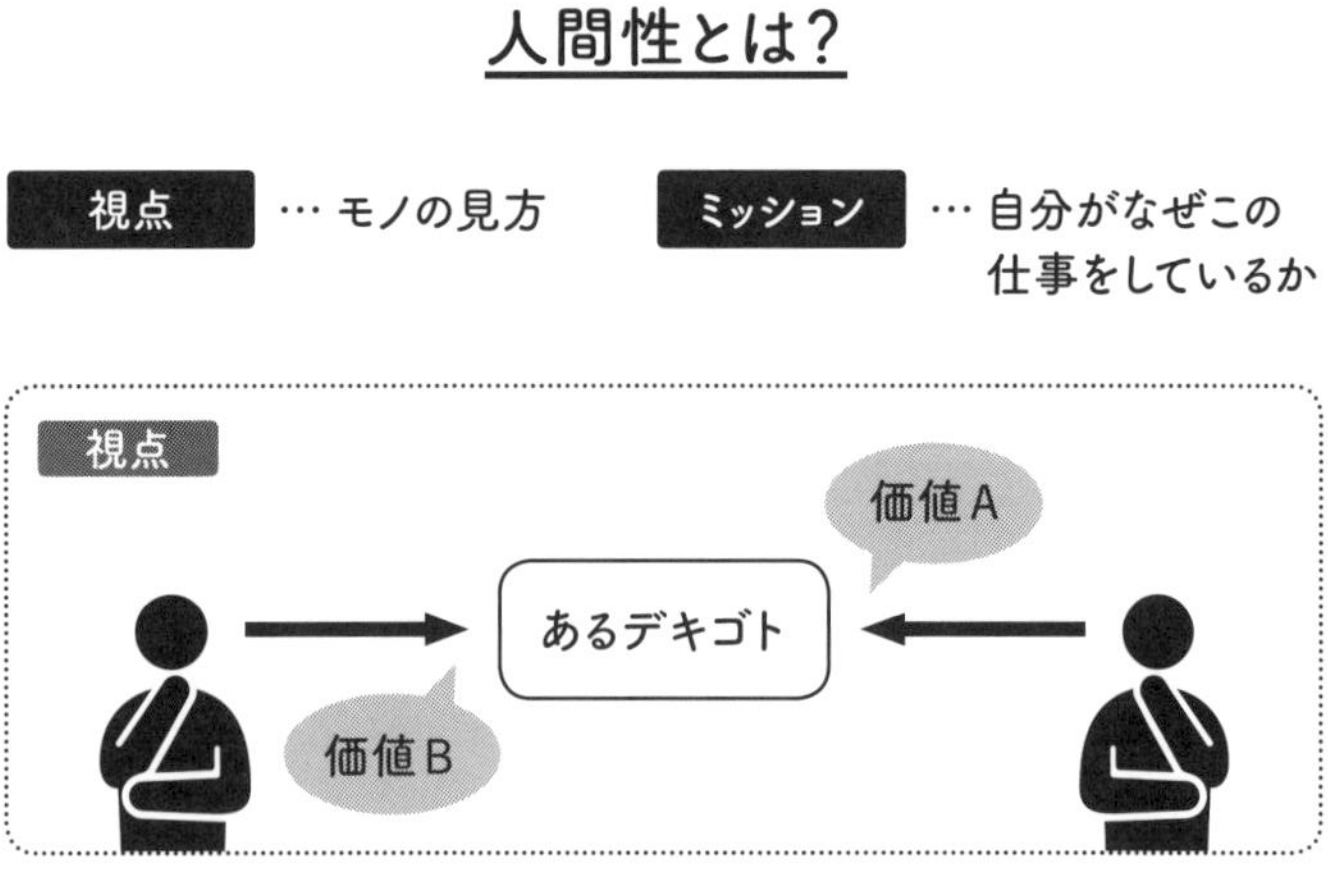

しかったです」

この投稿でファンが付くのは、芸能人ぐらいです。お店の紹介をしてもいいですが、それでは自分のブランディングにはなりません。

文章の書き方を教えている私と、カラーの専門家、心理学の専門家、お金の専門家がいたら、それぞれ別の視点からイタリアンのランチが語れます（自分はまだ専門家というほどでもない、と考える必要はありません。自分はこの分野の専門家だと自分で決めればそれでいいのです）。

文章という角度から見れば、「おいしそうに感じるメニュー名」とか「店員さんの声掛けが素晴らしかった」とか、そんな話ができるでしょう。カラーの専門家ならば「食欲が

方程式 1　**日常のデキゴト × 仕事キーワード**
の掛け合わせで、**自分だけの「視点」**が生まれる

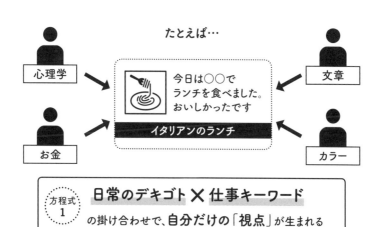

上がる食器の色」とか「売れるお店のインテリア」などが語れるかもしれません。

心理学を発信している人ならば「メニューをすぐ決められる人と決められない人の違い」とか「なぜこの店を選んだか」なども書けそうです。お金がテーマならば「店の回転率」の話や「デリバリーをしている店の利益率」などでしょうか。

単なる「今日のランチ」や「お店紹介」とは違うことがわかるかと思います。

このように日常のデキゴトに仕事を掛け合わせると、自分だけの「視点」が生まれるのです。

方程式① 日常のデキゴト×仕事キーワードで自分だけの視点が持てる

自分の仕事を端的に表すキーワードを思いつくままに出していきましょう。単語でも文でもOKです。ネタを探すきっかけになるものですから、無理にカッコよく整える必要はありません。

たとえば、

❶お客様が、あなたやあなたの商品を評価する際に口にするキーワードは？

❷あなたやあなたの商品は、どんなキーワードで口コミ・紹介されている？

日常のデキゴト×仕事キーワード

自分の「仕事キーワード」を書き出そう

- ☑ お客様が、あなたやあなたの商品を評価する際に口にするキーワードは？
- ☑ あなたやあなたの商品は、どんなキーワードで口コミ・紹介されている？
- ☑ あなたの商品・サービスは、ヒトコトで言うと何？
- ☑ 商品を買うことで得られるメリット、ベネフィットは？

文章の書き方	自分の価値を伝える
キャッチコピー	ファンを増やす
集客文章	文章が速く書ける
集客	わかりやすく伝える
コトバ	自分を売り出す方法

仕事キーワードを書き出してみよう！

❸あなたの商品・サービスは、ヒトコトで言うと何？
❹商品を買うことで得られるメリット、ベネフィットは？

今後力を入れようと思っていることでもＯＫです。

こうやってキーワードを出しておくと、日常の何気ない出来事も、自分のアンテナに引っ掛かるようになります。自分やパートナーが妊娠すると街中の妊婦さんが気になったり、手紙を出してから普段気にしていなかったポストの場所が気になったりしたことはあるでしょうか。

頭の中にキーワードを置いておくだけで、そのことに関する情報が入ってきやすくなり、何かを見たときに、そのキーワードを起点にした視点を持てるようになります。

次に、書き出したキーワードと、日常のデキゴトを掛け合わせていきます。

キーワードが頭にあれば徐々に目に見えるあらゆることが仕事に関連付けられるようになりますが、はじめのうちは、「最近あった出来事」を書き出してみるといいでしょう。最近あった出来事を書いて並べてみて、さてこれは、「仕事キーワード」のどの切り口で語れそうか？　考えてみます。たとえば、私の場合、以前店頭で社員をものすごい勢いで怒っている店長を見ました。お客さんもいっぱいいるのに、「何度も言っただろ?」とか「どうしてこんなことができないんだ」とか「お前は本当にバカだな」なんてことを大声で言っている。そもそも客前でそんなことをする店長のいる店にはもう行きたくないなと思うし、注意するにも言い方があるだろうとも感じるわけです。で、そこで自分が感じた感情の中で、どれを「引っ掛かり」にするかを選ぶ。「そんな店にはもう行きたくない」という話ならば、お店のブランディングについて語れるかもしれないし、「注意の仕方」であれば、「言葉」という視点で書ける。

日常のデキゴト✕仕事キーワード

を掛け合わせると、自分だけの「視点」になる

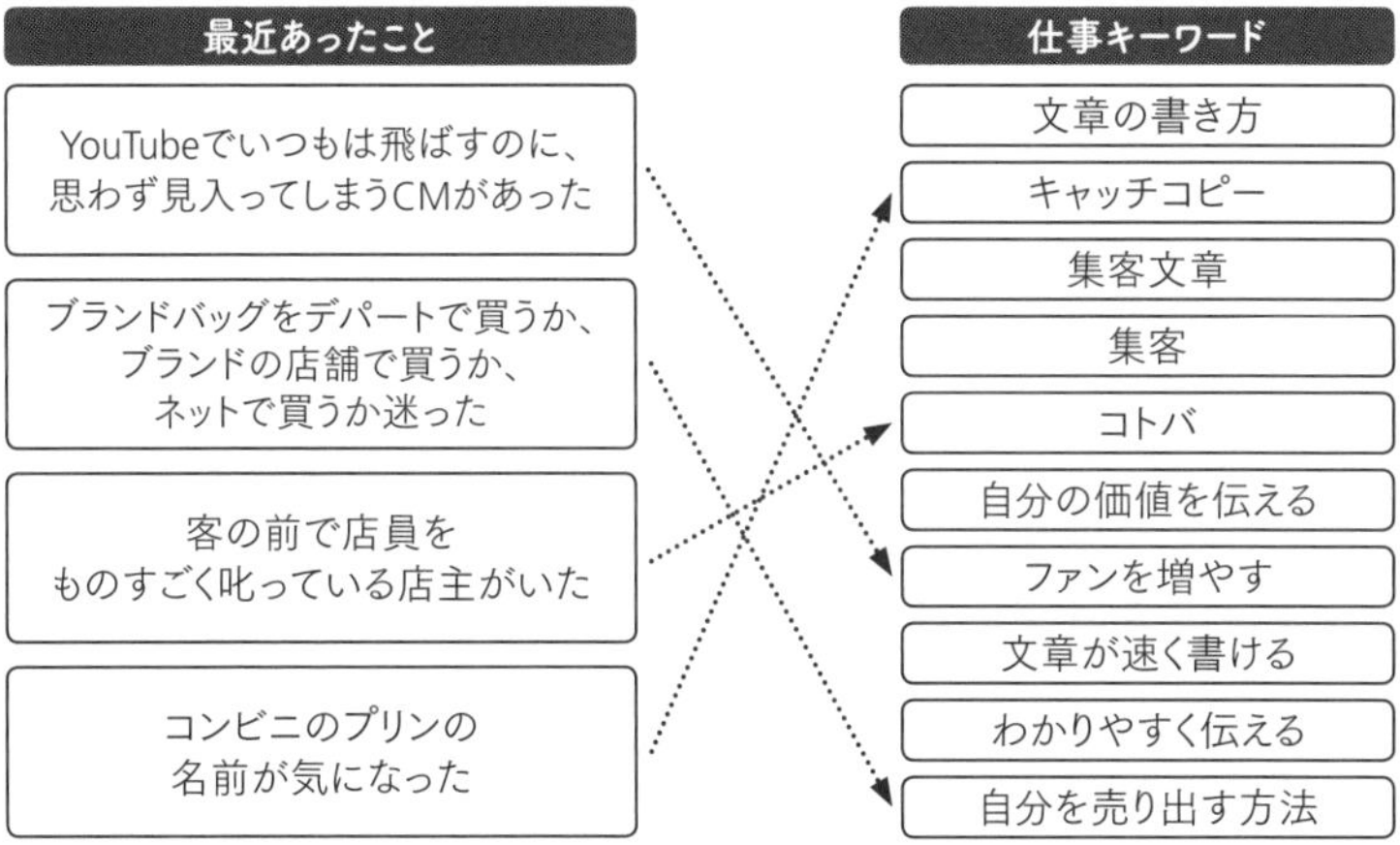
最近あったこと
YouTubeでいつもは飛ばすのに、思わず見入ってしまうCMがあった
ブランドバッグをデパートで買うか、ブランドの店舗で買うか、ネットで買うか迷った
客の前で店員をものすごく叱っている店主がいた
コンビニのプリンの名前が気になった
仕事キーワード
文章の書き方
キャッチコピー
集客文章
集客
コトバ
自分の価値を伝える
ファンを増やす
文章が速く書ける
わかりやすく伝える
自分を売り出す方法

そのように、デキゴトから感じた自分の感情を細かく分析すれば、どの仕事キーワードで書けるかが見えてきます。

慣れないうちは難しく感じるかもしれませんが、これができると、目にするものすべてがネタにできるようになります。

著書『イノベーションのジレンマ』で有名なハーバード・ビジネス・スクールの故クリステンセン教授は、「イノベーションとは、一見、関係なさそうな事柄を結びつける思考である」と語っています。この「一見関係なさそうな事柄を結びつける思考」は情報発信においても大きな武器になります。

はじめは、無理やりくっつけた感があるなと感じるかもしれませんが、書いていくうちに慣れますし、どんどん掛け合わせ思考ができるようになってきます。

そしてこの掛け算思考は、文章を書くときだけでなく、新たなビジネスを生み出す練習にもなります。

日常のデキゴト×仕事キーワードの例文

雑誌で見て「欲しいな」と思っていたサンダルを試着しに行った。キレイめに履ける、今年よく見るスポーツ系のサンダルだ。

履いてみたら、一番大きなサイズでも少しきつかった。いい感じなのに、うむ、これはちょっとな、と思っていると店員さんが、同じように履ける、サイズ展開がたくさんある、おすすめのブランドを教えてくれた。

お店のｉＰａｄを持ってきて検索してくれたのだ。

そのお店では今取り扱っていないブランドのサンダルだった。

「スカートにも合わせるならこういうタイプですね」

「意外とキレイな色の方が、ビジネスシーンで使いやすいと思います」

「これぐらいの底の厚さがある方が、スタイルアップして見えそうですね」

写真を見ながら丁寧に説明してくれた後、近くのショップだったらどこにありそうかまで教えてくれた。系列店ではなく、同じショッピングモールの中にもないお店。

「個人的に気になって調べていたんですよね」と、私より一回り以上若そうな、センスのいい髪型をしたお肌のきれいな店員さんが微笑む。

おかげで、とても良い買い物ができた。そのお店の今日の売上にはなっていないけど、店員さんのファンになったから、私はまた、そのお店の前を通るたびに入るだろう。

「今日の売上」だけを求めない。「お客様が何を求めているか」がすべて。大切なことを教わった気がした。

方程式② 日常のデキゴト×ミッションキーワードで人間性が伝わる

さて、仕事のキーワードだけではまだまだ人間性は伝わりません。人間性を深く伝えていくには「ミッション」を伝える必要があります。

ミッションとは、「なぜ、自分がこの仕事をしているか」「誰にどんな価値をもたらしたいか」「どんな世界をつくっていきたいか」という自分の旗印です。

日常のデキゴトを仕事のキーワードで斬っていくと独自の視点が生まれます。そして日常のデキゴトを自分のミッションに関するキーワードで語れば、感情に訴えかける文章がつくれます。

たとえば、私はフェイスブックやブログに仕事のこと以外に、子どものことや家族のことも書いています。でもそれは「うちの子がこんなにカワイイ」とか「子どもとこんな風に遊んでいるよ」という話ではなく、幼児を含む子どもが3人いる中でどうやって時間をやりくりしているか、会社を辞めてフリーになってから、2度の妊娠出産をどう乗り切ってきたか、というような話です。子どもがいるのがいい悪いの話ではなくて、「制限がある中で仕事をつくり出していく難しさと楽しさ」を発信しているから、そこに「私と一緒だ」と感じたり「自分もこういう風に働きたい」と感じてくれる人が実際に講座やセミナーに来てくださります。私のセミナーに来る人は、文章や発信に悩んでいる人もいますが、それよりも「一度会って話してみたかった」「文章を読んで会いたいと思った」と言ってくださる方の方が多いのです。

それは、仕事の話だけでなく、自分の多面性を見せているからです。ただ、多面性と言っても、先ほどの「ランチこれ食べた」と同じく趣味や家族やペットの話を書くだけでは、強い共感は生まれません。「あ、私も犬を飼ってる。一緒だね」みたいな気持ちは生まれても、そこから「この人に会いたい」にはつながらないのです。

自分という人間の深さを伝えるミッションキーワード。仕事に関することだけでなく、自分が大切にしている価値観を書き出してみましょう。

ミッションキーワードは、P.77で書き出したことをもとに単語や文で

> 方程式 2
>
> **日常のデキゴト × ミッションキーワード**
>
> の掛け合わせで、**人間性が伝わる**

書けばＯＫです。

❶あなたが大切にしていること、ポリシーは？（仕事、プライベート）

❷あなたは、お客様とどんな未来をつくりたい？

❸誰のため、何のために、あなたはその仕事をしているの？

❹ブログやＳＮＳを通して、どんな価値観を伝えていきたい？

完全に主観でよいので、自分はこういうところを大事にしている、こんな社会をつくりたいという熱い思いを書いてみましょう。

企業アカウントの場合は、会社として大事にしていることをベースに、そこに個人の思いが入っている方が人として興味を持たれやすくなります。公式が発信している正式な情報よりも、中の人の個性が感じられる方が強いのです。

ミッションを伝えていくのは、発信に人間性を載せるうえで最重要ポイントです。ただ、「私はこれを大事にしています！」「弊社のミッションは」と声高々に訴えても誰も興味を持ちません。だから、日常のデキゴトに自分や自社のミッションをつなげて書くのが大事なのです。

日常のデキゴト×ミッションキーワード

自分の「ミッションキーワード」を書き出そう

☑ あなたが大切にしていること、ポリシーは?(仕事、プライベート)
☑ あなたは、お客様とどんな未来をつくりたい?
☑ 誰のため、何のために、あなたはその仕事をしているの?
☑ ブログやSNSを通して、どんな価値観を伝えていきたい?

女性の新しい働き方の提案	自分を活かせる場所で働く
思い込みを外す	任せる力
人とは違うことがしたい	商品・サービスを売るよりも「自分を売り出す」方が速い
子どもがいることはハンデではなく強み	誰もが得意を活かして働ける
仕事はゼロからつくり出せる	好きな場所で、好きな人と、好きなことをして働く

ミッションキーワードを書き出してみよう!

日常のデキゴトにミッションキーワードを掛け合わせてみましょう。たとえば、我が家には小学生2人と幼児1人がいるのですが、料理を作るのが好きな長男が、献立から買い出し調理までしてくれたことがありました。そのことを、ただ「うちの子がこんなことをしました！」と書くだけでは、いいね！は集まるかもしれませんが、自分への関心にはつながりません。そこで、書き出したミッションキーワードのどれかに当てはめて語れないか考えてみます。私は育休復帰に失敗して会社を辞めたときから、「子どもがいることをハンデではなく強みにする」と強く誓って仕事をしてきました。これから結婚や出産をするかもしれない女性や、今現在小さな子どもがいて働き方に悩んでいる女性たちへ「こんな選択肢もあるよ」と提示できればと思って発信をしています。10年前は女性に向けてでしたが、今は子育てと仕事の両立に悩む男性も増えています。そういうテーマで書くならば、子どもが小さなときから、手間は増えるけれど家事をさせることが10年後の自分を助けてくれる、というような結論が書けるかもしれません。

また視点を変え、「自分を生かせる場所で働く」というテーマでも書けます。うちの長男は小さいときから「これが好き」とか「何かに夢中になってやる」ことがあまりない子でした。習い事もすぐ飽きるし、「好きなことをやっていいよ」と言っても「別にない」の繰り返し。何でもいいから好きなことを見つけてくれたら、と歯がゆく感じていました。そんなときに、夫が好きな料理を手伝うようになってから「自分は料理が好き」とはっきり口に出せるようになりました。「自分にはコレがある」と1つでも思えるものがあれば人は自分に自信が持てる。それは仕事においても同じで、「自分にはコレ」と言えるものがあれば、どんな状況になっても仕事はつくり出せる……というようなメッセージを込めることができます。

単に日常のデキゴトをそのまま書くのではなく、それに自分のミッションをつなげて書く。私はこの書き方が、自分のファンを増やし、長く売れる人になるための最強の書き方

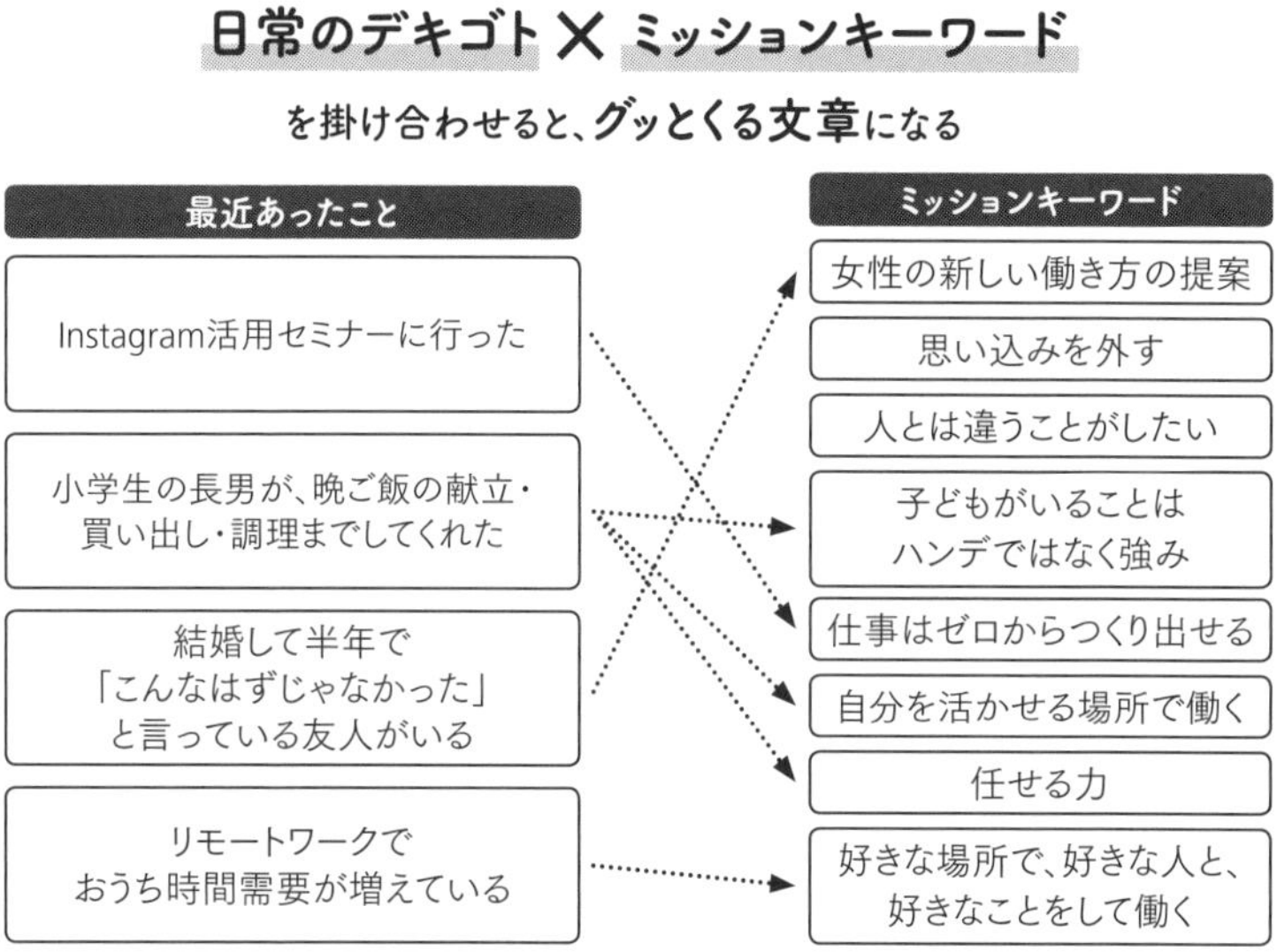
日常のデキゴト×ミッションキーワード
を掛け合わせると、グッとくる文章になる
最近あったこと
Instagram活用セミナーに行った
小学生の長男が、晩ご飯の献立・買い出し・調理までしてくれた
結婚して半年で「こんなはずじゃなかった」と言っている友人がいる
リモートワークでおうち時間需要が増えている
ミッションキーワード
女性の新しい働き方の提案
思い込みを外す
人とは違うことがしたい
子どもがいることはハンデではなく強み
仕事はゼロからつくり出せる
自分を活かせる場所で働く
任せる力
好きな場所で、好きな人と、好きなことをして働く

だと確信しています。

日常のデキゴト×ミッションキーワードの例文

ある分野で世界的に有名な方と、3年ぐらいご一緒させてもらっている。もう、参った。実に気持ちがいい。会うたびに、お話を聞くたびに、いやメールのやり取りひとつにも、爽やかな風が吹き抜けていくような感じがする。

仕事に関しては、一切の妥協がない。細部にまで緻密に計算し、誰も見たことがないものをつくり上げていく。恐ろしく真剣だが、ピリピリしたものがないように思える。自分には厳しいのに、まとっている空気は、ふわりとしている。後輩や部下に声を荒らげているのを見たこともない。言葉が厳しいときも、口調は静かだ。叱ったり注意したりしても、その重さを引きずっていないように見える。

仕事の話をしているときは、小学生がお気に入りのプラモデルを買ってもらったときのような顔をしている。ここがちょっとうまくいかないんですよねえ。もうちょっとこうしたらいいかなーと思うんですけどね。もうそれを考えているのが、つくっているのが、楽しくて仕方がないというのが、全身からあふれている。

以前ちょっとしたトラブルがあった。誰が悪いということもなく、かかわっている数人が、何かを少し掛け違って起こったことだった。メールを見るのが遅れたとか、もうちょっと早く連絡してくれたらよかったのにとか、そういうこと。大勢に影響があるわけではなかったが、お互いにスケジュールを調整したり時間をとられたりした。そのときのスマートさときたら。こちらが謝ると、いえ、こちらこそ、と返ってくる。自分はこうしていたのに、とか言い訳や相手を責めることは一切ない。自分がすべき仕事の本分に集中しているから、余計なことに気をとられずに、まっすぐ、気持ちよく、潔く、生きていけるんだろうなと思った。面白くて面白くて仕方ないほどの仕事をして、誰も見たことのないものをつくり続けて、緊張感とプレッシャーの中、ゆるい空気をまとって、ふわりと笑いながら風のように。

仕事上、いろんな分野のプロの方、経営者や職人さんや、ありとあらゆる職種の方に取材という名目でお会いしてきたが、小学生のような顔ですんごいことを成し遂げている方というのは実に多い。英語で天職はCallingと呼ぶそうだ。その仕事に「呼ばれる」らしい。まさに呼ばれて仕事をしている人たち。なんてカッコいいんだろう。

私も、アイデアを考えたり、コピーを書いたり、原稿と格闘しているとき、こんな顔をしているのかなとふと思った。

「お役立ち情報」だけではファンは増えない

ＳＮＳではユーザーに役立つ情報を書こう！　というのは正しいのですが、役立つ情報だけを書いていてもファンは増えません。

理由は２つです。

❶役立つ情報だけでは人間性が見えないから

❷同じようなノウハウを書く人が出てきたら、人はそちらに流れるから

たとえば、パソコンの使い方でわからないことがあるとします。よくわからない英語のエラーメッセージが出た。どうしますか。多くの人がそのエラーメッセージをコピーしてＧｏｏｇｌｅで検索するのではないでしょうか。検索結果で出てきたいくつかのページの中から適当に開く。対処法がわかる。ああ助かった、で終わりではないでしょうか。

その人のホームページなりブログなりを見て、もう１回そのブログを読みたい！　と思うでしょうか。

ツイッターやフェイスブックでも同じです。役立つ情報を発信してくれている人は、フォローしておこうと思うかもしれませんが、単にノウハウだけでその人の人間性が見えなければ、誰が書いても同じなのです。同じような新しいノウハウがあれば人はすぐそちらに流れてしまいます。ノウハウを出して多くのファンがいる人は、ノウハウだけでなく、その人の人間性にファンが付いているのです。

では、お役立ち情報をただのノウハウの切り取りにせず人間性を伝えるにはどうしたらいいでしょう。

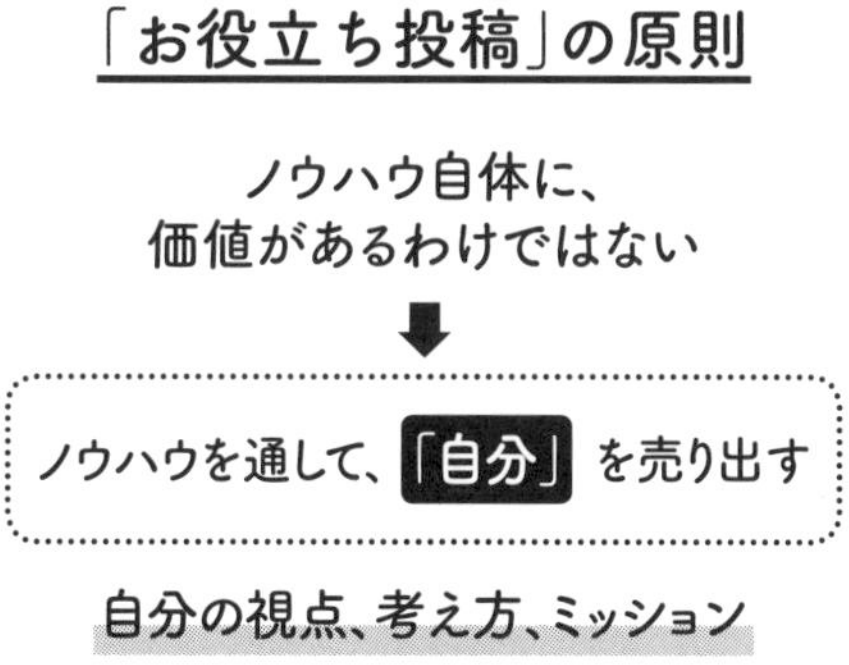
「お役立ち投稿」の原則
ノウハウ自体に、
価値があるわけではない
ノウハウを通して、「自分」を売り出す
自分の視点、考え方、ミッション

方程式③ お客様の悩みと仕事キーワードを掛け合わせる

方程式④ お客様の理想と仕事キーワードを掛け合わせる

お役立ち記事とは、困っている人を助けるものです。だから基本は、読者の困りごとを書けばいい。ですが、ポイントなのは、「自分の商品・サービスのメガネを外して考える」ことです。

たとえば、英会話スクールを経営しているとします。SNSやブログでビジネスにつながる発信をするとしたらどんな内容を書くでしょう？　多くの人が「英語が話せなくて困っている人」「もっと英語が話せるようになりたい人」に向けて書くのではないでしょうか。

でも英会話スクールに興味のある人は、四六時中英会話のことを考えているわけではないのです。

ビジネスマンなら、海外赴任を目指してキャリアアップしたいのかもしれないし、取引先の担当者との関係性に悩んでいるのかもしれない。家に帰ると、忙しくて妻や子どもとなかなか会話もないなぁなんて困っているかもしれない。そんな人の日常を想像して、英会話に関係なくてもいいから、その人が悩んでいること、こうなりたいと思っていることを書き出してみましょう。この場合も、誰か1人を想定すると考えやすいです。「1人」は既存のお客様でもいいし、この人に来て欲しいと思う人でもOK。必ず実在の人物を想像します（第2章で書き出した「こんな人の味方になりたい」と決めた人がベースです）。「1人」は昔の自分でもOKです。昔の自分のような人の役に立ちたいという動機でビジネスを始める人も多いものです。架空のターゲットの悩みは想像してもズレているかもしれませんが、自分が昔悩んでいたことなら、実際にその悩みがあったことに間違いはありません。同じようなことに悩んでいる人の参考になるはずです。

次ページの例は私の場合です。私の発信のターゲットは、「自分の思いを言葉にして、ゼロから自分の仕事をつくりたい人」です。その人たちが、私の商品・サービスとは関係なく、何に悩んでいるかを考えてみます。

たとえば、自分のサロンを持っている経営者の場合。悩んでいることは、若手スタッフとの意思疎通がうまくいかない、目の前の仕事に追われて時間がない、プライベートでい

お客様の悩み × **仕事キーワード**
の掛け合わせで、新たな価値が生まれる

お客様の理想 × **仕事キーワード**
の掛け合わせで、新たな価値が生まれる

読者の興味 × **仕事キーワード**
の掛け合わせで、話がわかりやすくなる

古い価値観 × **自分の主張**
の掛け合わせで、自分のこだわり・売りポイントが自然と伝わる

えば、夫婦仲だったり、自分自身の身体のことだったりします。

それを、私の「仕事キーワード」のどれで語れるかな？　とそれぞれ考えてみます。「スタッフとの意思疎通がうまくいかない」は伝え方を変えればいいという話にできるし、若い頃のように無理がきかないからこそ、ブログやSNSの発信が速くできれば早く寝られるよ、とつながります。

大事なことは、自分の仕事キーワードからお客様の悩みを考えるのではなく、自分の仕事や商品・サービスを頭の中から追い出して、相手が本当に悩んでいることを書き出すこ

お客様の悩み × 仕事キーワード

の掛け合わせで、新たな価値が生まれる

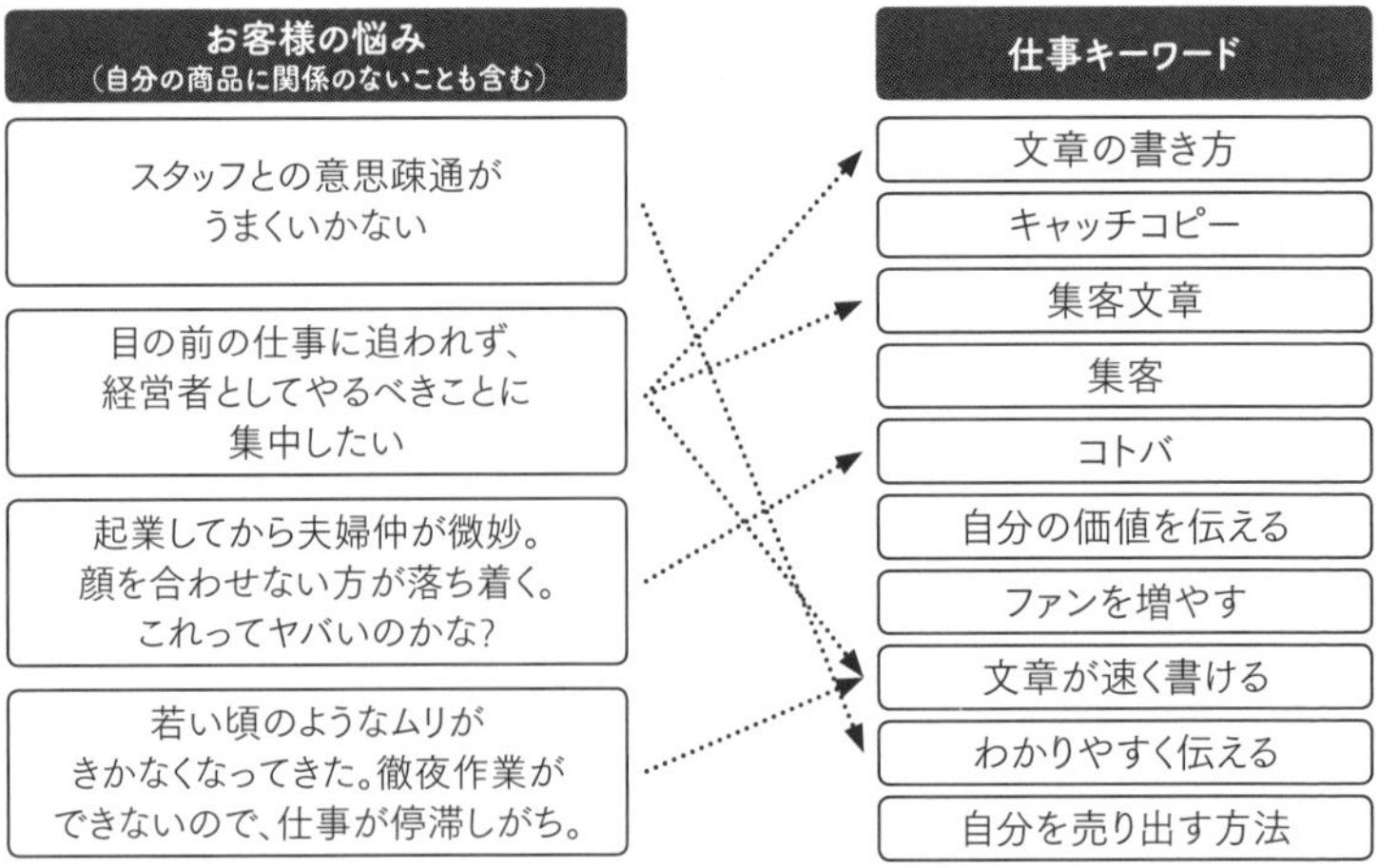
お客様の悩み
（自分の商品に関係のないことも含む）
スタッフとの意思疎通がうまくいかない
目の前の仕事に追われず、経営者としてやるべきことに集中したい
起業してから夫婦仲が微妙。顔を合わせない方が落ち着く。これってヤバいのかな？
若い頃のようなムリがきかなくなってきた。徹夜作業ができないので、仕事が停滞しがち。
仕事キーワード
文章の書き方
キャッチコピー
集客文章
集客
コトバ
自分の価値を伝える
ファンを増やす
文章が速く書ける
わかりやすく伝える
自分を売り出す方法

とです。そのリアルな悩みを、自分の仕事につなげるから、発信に興味を持ってくれる人が広がるのです。

「文章がうまく書けるようになりたい」という人だけを狙っていたら、ターゲットは狭くなり、発信に興味を持ってくれる人は広がりません。

自分の商品・サービスから発想しないことで、逆に、自分の商品・サービスに新たな価値が生まれるのです。

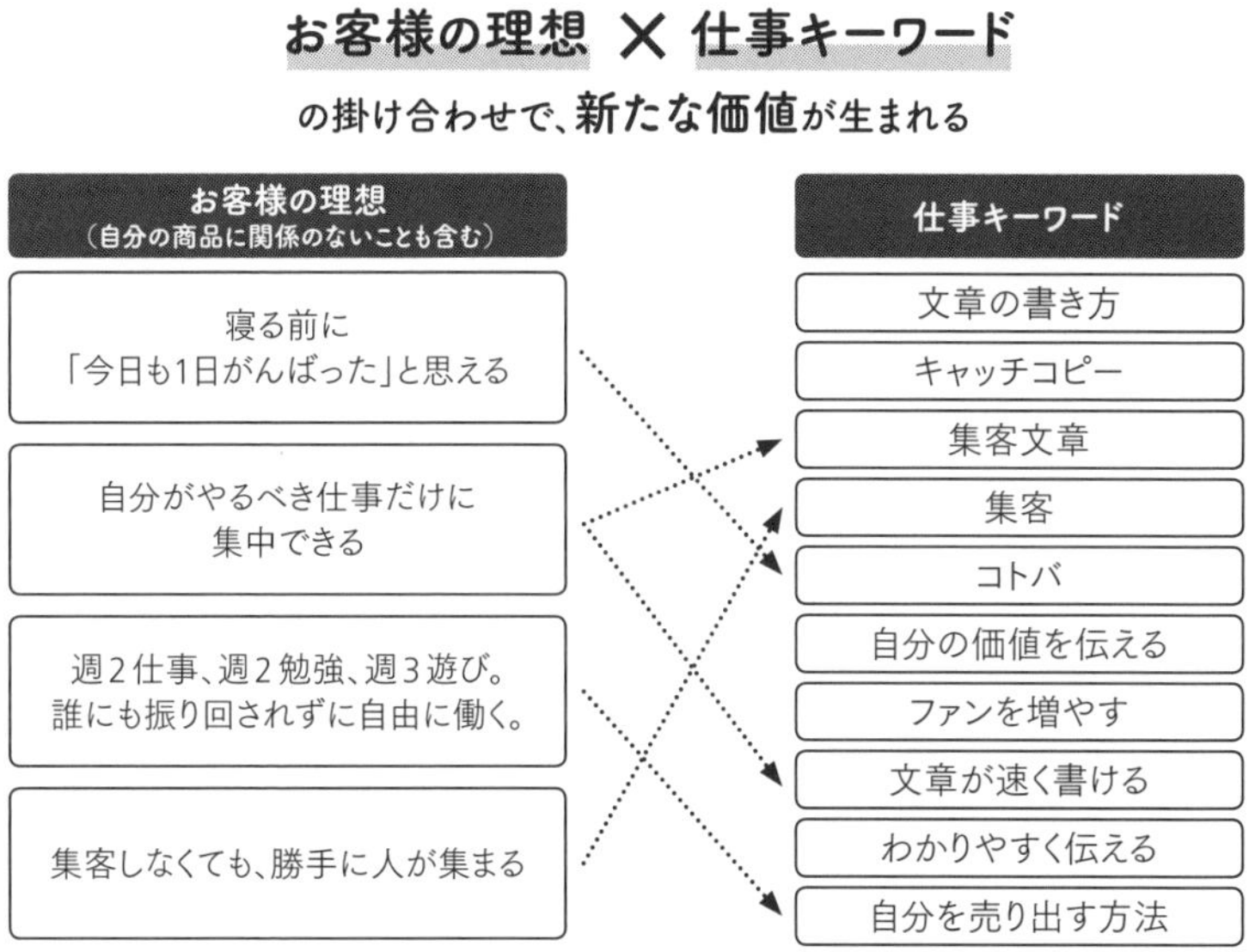
お客様の理想 × 仕事キーワード
の掛け合わせで、新たな価値が生まれる
お客様の理想
(自分の商品に関係のないことも含む)
寝る前に
「今日も1日がんばった」と思える
自分がやるべき仕事だけに
集中できる
週2仕事、週2勉強、週3遊び。
誰にも振り回されずに自由に働く。
集客しなくても、勝手に人が集まる
仕事キーワード
文章の書き方
キャッチコピー
集客文章
集客
コトバ
自分の価値を伝える
ファンを増やす
文章が速く書ける
わかりやすく伝える
自分を売り出す方法

お客様の悩み×仕事キーワードの例文

「夫婦と文章は、前提をそろえることが大事」

結婚するまで、私は朝食はパン派だったけど、夫はご飯派だった。付き合っているときにウチに来て食べる朝食はパンでも良かったけど、結婚したら「ご飯がいい」って言う。だから、朝食担当は夫になった。

私は子どもの頃に父親が病気になって働けなかったからか、「母親が働くのは当たり前」って思って生きてきたけど、夫にとってそれは別に当たり前でも何でもなかった。

こういう「前提」って大事で、たとえば「男は外で働いて女は家事育児」みたいな前提で生きている人とは私は結婚できないし、万が一、結婚してからそこに気づいたら、悲劇である。どちらの価値観がいい、という問題じゃなくて、「前提が違う」という話。

「子どもには早いうちから受験をさせる方がいい」という前提の妻（夫）と、「受験なんて本人がやりたいと言ってからでいいじゃん」という夫（妻）のように前提がズレていたら、話がかみ合わない。

そう。どちらが正しいではなくて、自分はどんな前提を持っていて、相手はどんな前提なのかを、しっかり認識していないと、話にならないのである。

ということを、家で、すき焼きをやった土曜日の夜に気づいたのだ。夫のすき焼きと、私の思うすき焼きは違う。作り方も違うし、具材も全然違う。

地方によって、家庭によって、「当たり前」が違うのだ。

「前提をそろえる」というのは、ムリして相手に合わせる、ということではなくて、自分の前提と相手の前提の違いを知る、そして、自分はこういう前提で話している、と相手に伝えることである。

そしてこれは、毎月50名近くの方の文章を添削しているときに気づくことでもある。わかりにくい文章、頭になかなか入ってこない文章、何だかよくわからない文章は、「前提」をすっ飛ばしていることが多いのだ。とくに、ビジネスで発信している人に多いように思う。

自分は「何かの専門家」である。そのことについてよく知っている。だから、「前提となる部分」をすっ飛ばして、マニアックな、細部ばかりを書いている。そんな記事も多い。

もちろん、「いつまでたっても前提の話ばかり」な文章は面白くない。

「それ、100回以上聞かれているだろうなー」と感じるような当たり前の質問をするインタビュアーのような記事は、面白くない。

前提を長々と書け、ということではなくて、「自分はこういう前提で話をしている」という部分をしっかりと読者に伝えていかないと、届かない。

前提がすっ飛んだ文章は、前提がズレたまま結婚しちゃった夫婦のようである。

何でもっと早く気づかなかったのかしらワタシ、である。

方程式⑤ 読者の興味×仕事キーワードで読まれる記事になる

たとえ話がうまい人は、話が面白いし、文章がわかりやすい。たとえ話の一番の基本は、「相手が興味のあることにたとえる」ことです。小学生に話すのに、世界情勢の話や政治家の話では秒で居眠りされるでしょう。今流行っているゲームにたとえたり、ドッジボールや生徒会、遠足、給食などのキーワードが入っていたりすると、わかりやすく興味を持って聞いてくれるでしょう。「仕事キーワード」に「読者の興味」を掛け合わせると、自分の仕事を、相手の興味のある話に変えられます。相手の興味のある話から入って、自分の仕事を語れるようになるのです。もともと相手が興味のある話題だから、読んでくれる確率は上がりますし、「私のことわかってくれている」と感じた後なら、仕事や商品の話もスッと入ってくるのです。

読者の興味 × 仕事キーワード

「自分のコンテンツ」を読者が興味のあることに変換しよう

読者が気になっているもの		仕事キーワード
流行りのドラマや映画	×	文章の書き方
料理		キャッチコピー
ファッション		集客文章
子育て		集客
昔流行った懐かしいもの		コトバ
話題の本		自分の価値を伝える
ニュース		ファンを増やす
Twitterなどのトレンド		文章が速く書ける
		わかりやすく伝える
		自分を売り出す方法

読者の興味×仕事キーワードの例文

「豚バラブロック　角煮におすすめ」

いつもとは違うスーパーまで足を延ばしてみた。夕飯に何を作るか全く考えていない状態で、肉コーナーの前に立つ。

「豚バラブロック　角煮におすすめ」という文字が目に飛び込んできた。スーパーによって、「豚バラブロック」だけの表記と「○○におすすめ」と書いてあるところがある。

料理に慣れた人なら、豚バラブロックを何に使うか、パッと想像がつくだろう。しかし、料理に慣れていない私は、「豚バラブロック」とだけ書かれた特売品を見たら、「豚バラブロック　かんたん」「豚バラブロック　15分　レシピ」と検索しなくてはメニューが浮かばない。あー面倒くさい。「角煮におすすめ」と一言あるだけで、献立を考える手間が省け、さらに「美味しい角煮の完成イメージ」が頭に思い浮かぶ。

だから、私は今日、「豚バラブロック」を買ったのだ。

こういう出来事があったら、「これを自分のビジネスに生かすとしたら？」と考える。ここから得られるヒントは、「初心者は、それを何に使うかイメージできない」ということ。

★たとえば、自分ではもう十分伝わっていると思っていても、その商品やサービスの用途が伝わっていないことはないか？

★これは○○に使います、こういうときに便利ですと表記することで購買率が上がるものはないか？

そんな風に、自分に置き換えて考えてみる。それがマーケティング脳である。

方程式⑥ 古い価値観×自分の主張で差別化ポイントが伝わる

次の掛け合わせは、「自分のこだわり」や「差別化ポイント」をさりげなく伝えたいときに使えます。ビジネスをやっていると多くの人が「差別化したい」と言います。同業者と差別化したいという思いが強すぎると、同業者が誰もやっていないようなことをしなきゃ！　とユーザーが全く求めていないニッチな方向に走ったり、同業者が書いていないことを書かなきゃと、読者が求めていないような難しい話を書いてしまったりします。

自分のこだわりを伝えたいがために、それとは違う他者を落とすような書き方も見受けられますが、ＳＮＳではあまりやらない方がいいでしょう。人を下げることで自分を上げたい人にファンは増えません。

でも、自分のこだわりはやっぱり人に伝えたい。同業者の中で突き抜ける存在になりたい。自分は違うんだと思われたい。そんなときは、特定の誰かやどこかの会社を下げるのではなく、「古い価値

古い価値観 × 自分の主張

の掛け合わせで、自分のこだわり・売りポイントが自然と伝わる

古い価値観		自分の主張・こだわり
売れる言葉を書けば、石ころでも売れる	×	商品・サービスよりも「自分」を売り出す
テレビショッピングや通販がお手本		個人でもブランディングが必要
いい商品やサービスがあれば売れる		人間性を伝える
ブログは毎日書いた方がいい		語彙力は要らない
うまく言って買わせるコトバ		商品を説明しても売れない
煽れば売れる		読まれないと思って書く
SNSで長い文章は読まれない		「思わず買っちゃった」を目指すな

観」と自分の主張を戦わせます。

今まではAと思っている人が多かったけど、これからはBです。とシンプルに伝えればOK。「まだAしてるの？」とか「いつまでもAと思っているとヤバい」とか煽る必要はありません。

古い価値観×自分の主張の例文

Googleの総検索件数が減っている。

「検索する人が減ったのは、人が欲望を持たなくなったから」とよく言われるけど、人々の悩みが無くなったのではなく、「悩みや困りごとや、理想や欲求はあるけど、うまく言葉にできないから、検索できない」のだと私は考えている。

だから、その「言葉にできない思い」を言語化できる人がSNSで売れていく。

方程式⑦ ミッション×開催報告で次回の申込につなげる

ここまで「お役立ち記事」の書き方を4つの掛け算でお伝えしてきましたが、最後に「ビジネスを魅せる投稿」の具体的な話です。ビジネスを魅せる投稿は、「実績」「告知」そして「開催報告」がメインです。実績というと大層なことのようですが、小さなことでもOK。今日はこれだけ商品が売れた、お客様からこんな声をいただいた。メディアに取り上げられたり、WEB媒体などに掲載されたりしたら、小さな記事であっても実績になりますので、しっかり投稿していきましょう。

そして、大事なのにあまり投稿していない人も多いのが「開催報告記事」です。こんなセミナーをしました、イベントにたくさんの人が集まってくれました、というのが開催報告記事です。多くの人が「今日は、〇〇を開催しました！　緊張したけど、すごく楽しかった！」のような文章に、「お客様の声」としてアンケートに書かれた言葉をそのまま載せていることが多いように思います。それではもったいないのです。

私は、セミナーや講座の報告記事を投稿した際が、一番、申込が入ります。

それは、単なる報告ではなく、記事の中に「ミッションキーワード」を入れているからです。この場合のミッションとは「なぜ、このイベントをしたか」です。どんな人にどんな変化を起こしたいのか。誰のどんな思いに寄り添いたいのか。どんな社会を実現したいのか。

報告記事のポイントは、

● 「今日は」「私は」という当たり前の書き出しをしない。
● アンケートに書かれた言葉ではなく、お客様のリアルなセリフを入れる。
● やったことを臨場感を持って伝える。
● イベントのタイトルと内容を簡潔に記載し、次の日程や申込ページへのＵＲＬも書いておく。

また、自分で自分のことをＰＲす

ミッション × 開催報告

の掛け合わせで、次回の申込がポンポン入る

ミッションキーワード		開催報告
女性の新しい働き方の提案	×	● お客様の感想（セリフ）
思い込みを外す		● 実際にやったこと
人とは違うことがしたい		● イベントタイトル
子どもがいることは ハンデではなく強み		● 内容
仕事はゼロからつくり出せる		● 次回の誘導URL（リンク）
自分を活かせる場所で働く		
任せる力		
好きな場所で、好きな人と、 好きなことをして働く		

るよりも、他者からの推薦の方が強いというのは、皆さんも感じておられると思います。イベントやセミナーに参加してくれた人に、共通のハッシュタグをつけてつぶやいてもらう、ブログやSNSで感想を書いてもらうのも大切です。写真を撮って、「人が集まっている感」を出すのは、自分を人気者に見せるためではなく、「行こうかな」と迷っている人に「こういう人が集まっている場なら行きたいな」と思ってもらうための一押しとして有効です。

コメントからコンテンツが生まれる

SNSの基本は「交流」です。投稿した記事やつぶやきに対する「コメント」が、次のネタになります。たとえば、私はフェイスブックに投稿するときは、まだ自分の頭の中で答えが出ていなかったり、主張が定まっていないときもあります。文章を書くときは「主張をはっきりさせよう」とよく言われます。でもSNSの投稿は「実験の場」と捉えてもいいのです。

まだ自分の中ではっきりと言いたいことが定まっていなくても、それを言葉にして投稿する。そこについた「コメントに自分が答えたこと」が、はじめから自分が言いたかったことの可能性が高いのです（P.108の質問と同じです）。だから、完璧を目指さずにとにかく投稿することを続ける。そしてコメントに対して自分が答えたことで、また次の投稿を書いたり、そこから発展させた話をブログやメルマガなど少し長い文章でまとめて書いたりできます。

コメントは、「世の中」です。自分ではわかるつもりで書いていても、相手に伝わっていないことが何かわかります。「それってどういうことですか？」「○○はどうですか？」など、自分のジャンルを詳しく知らない人からの素朴な疑問は何よりのヒントです。そういう意味でも、同業者や自分の価値観をわかりすぎている人ばかりと交流するのではなく、知らない人との交流を広げていくことも大切です。

私の場合は、自分や自分のビジネスに興味を持ってくれている人が集まる「オンラインサロン」と、SNSのフィードに投稿するのでは、同じことを書いてもコメントの内容が大きく異なります。オンラインサロンは狭く深いコミュニティ。これからの自分のビジネスの戦略などを話し意見をもらいます。一方、普段の投稿は、自分のビジネスにまだ興味のない人からも素朴な意見をもらえる貴重な場。「世の中の意見」として参考になるのは、後者です。

長く信頼される文章を書く5つのルール

最後に、文章の書き方のテクニック的な部分をお伝えします。テクニックと言っても、「このヒトコトで売れる」というような瞬発力を競うものではありません。

お客様と長く付き合うことが求められる時代の、信頼される文章の書き方です。

文章は、**「自分が書きたいことを、相手が受け取りやすいように書く」のが基本です。**受け取りやすい文章とは、心の中にスッと入ってきて、気づいたら最後まで読んでいるような文章。途中でイヤになったり、飽きたりしない文章です。

信頼なんていいからとにかく注目されたい、バズりたい、とにかく買わせる文章が書きたいと思うなら、上から目線で相手を煽ったり、そんなことも知らないなんて大丈夫？　と不安にさせるといいでしょう。一時的にアクセスも増え、購入者も増えるかもしれません。でも不安を煽って買わせた人は、継続して付き合えるお客様にはなりません。

共感される文章を書くには、人間の気持ちに寄り添うことが必要です。

人というものは、

- 上からモノを言われたくない
- 命令されたくない
- かんたんに他人にわかって欲しくない
- 束縛されたくない

ものだと思います。どうでしょうか。

そうだなと思う方も、そうでもないなと思う方もおられるでしょうか。

多くの方が「大体はそうだけど、例外もある」のではないでしょうか。例外とは、「あの人ならいい」「こんなときは別」という「人」と「状況」の例外です。

たとえば、もともと信頼関係が構築されていて、この人の言うことなら辛口でも受け入れたいと思える相手なら、上から目線で命令されても聞き入れる方もいらっしゃるでしょう（私は相手が誰でも嫌ですが）。

また、自分の状況によっても、「上から言われたら安心する」「誰でもいいからこの気持ちをわかって欲しい」と感じるときもあるかもしれません。

どんなときかというと、ズバリ弱っているときです。月末でお金がない、とにかく誰でもいいからこの気持ちをわかって欲しい。そんなときはつい、「あなたのそのつらい気持ち、わかります」「これさえやれば、人生が変わります」「他の奴の言うことを聞くな。これだけをやれ」というような誘いに乗ってしまいがちです。冷静に考えてヤバいものに手を出してしまうのは、精神的に弱っているときです。大好きだった人にこっ酷くフラれて、誰でもいいから優しくして欲しいとロクでもない人に惹かれてしまうようなものです。

上から目線や「これだけやれば間違いない」と断定してくるようなものに、気持ちが弱っているときは惹かれてしまいがちです。これは、ひっくり返せば、このような文章を書いていると、人を集められるかもしれないが、「依存体質」の人を引き寄せることになるということです。

依存体質の人を引き寄せてモノを売る方法が今まではよく行われてきました。「まだ○○してるの？」と不安にさせて、「これさえやれば間違いない」と根拠もなく断定する。そうやって不安にさせられて高額の商品を売るやり方は、本当に相手のためになるのでしょうか。

以上のことを踏まえて、私は共感される文章を書くための5つのセオリーをつくりました。これを実践するだけで、受講生さんたちの文章が見違えるように変わるのを何度も見てきました。多くの人がSNSやブログなどの自分のメディアに書いている文章とは差をつけたい、読者やお客様に信頼されたいと思う方は参考にしてください。

❶上からモノを言わない、読者と同じ視点に立つ

上から目線にならない、読者視点に立とう、とよく言われます。上から目線がダメだとわかっていてもその具体的な方法を知っている人はほとんどいません。私は、上から目線の原因は、「語尾」と「質問の仕方」にあると考えています。

文章の印象は語尾で決まります。無意識のうちに使いがちな「！」が多い文章は、ぐいぐいと主張を押しつけられているような印象がします。また、優しい印象にしたいと使いがちなのが「ね」や「よ」ですが、「ですよね」「ですよ」という語尾は、決めつけられたような印象になります。

例

×アラフォー女性だって、効率よい婚活で、ハッピーになれるんですよ!!
○アラフォー女性が幸せになれる、効率のよい婚活があります。

❷わからないことを、言い切らない

文章の書き方の本には、「とにかく言い切れ」と書かれているものが多いのですが、言い切っていいことと言い切ってはいけないことがあります。

たとえば、

●足ツボマッサージで免疫力が上がります!

と書かれていたらどんな印象を持つでしょうか。

免疫力が上がるというのは、厳密に言うと「そういう説もある」に過ぎません。医療者でも様々な見解があること。あくまでも「自分はこの方法で免疫力が上がると思っている」に過ぎないのです。それを、これは正解で間違いがない、と言い切ってしまうことは、見る人から見れば、かえって「この人大丈夫かな?」という印象を持たれかねません。このような文章が世の中にはあふれています。

そういう話をすると、「じゃあ、本のタイトルはどうなるのか？」という質問を受けますが、本はあくまでも「著者の主張」です。この著者はこう思っている、ということに過ぎません。本は広告ではないからそれが許されることが多いのです。ところが、自社や個人事業主が発信しているホームページやブログ等のメディアは「広告」とみなされることがあります。医療や身体にかかわることだけでなく、あらゆるジャンルで「ここは言い切っていいのか」の見極めが大事なのです。

かといって、何でもかんでも「かもしれません」とぼやかしている人も頼りなく見えます。その場合は、言い切らずに自信があるように伝える方法があります。

- ～するはずです
- ～する可能性があります
- ～が期待できます
- ～と信じています
- 自信を持っておすすめします
- 確信しています

●足つぼマッサージで免疫力アップが期待できます。

これだとウソではありません。意図せずウソを書いていないか？　発信するうえではその視点が重要です。

❸ 質問に注意する

質問（疑問文）を文中に使うと、読者はそこで立ち止まってくれるので、読ませる文章を書くには有効な方法です。ですが、ブログやメルマガなどを読んでいると「なんで、こんなに私に質問ばっかりしてくるんだろう」と感じることが多々あります。畳みかけるように質問をされると、読者の気持ちは冷めます。

私は質問には2種類あると定義しています。

1つは、相手を支配する質問。

もう1つが、自分を含む全人類への問いかけです。

例

①あなたの部屋、片付いていますか？

②なぜ、片付けても部屋はすぐ散らかるのだろう。

「質問をする」となると、多くの人が①を書くのではないでしょうか。そういう質問の仕方しか知らないからです。

見ず知らずの人にいきなり「あなたの部屋、片付いていますか？」と聞かれたらどう思うでしょう。いつも部屋が片付いている人なら「はい」で済みますが、部屋が片付いていないことにコンプレックスを抱いていたり、片付けようとは思っているけどできない人から見れば「余計なお世話」「なんでそんなことを私に聞くの？」と感じるのではないでしょうか。

このような「それを聞かれても、どうすればいいかわからない」質問のことを私は相手を支配する質問と呼んでいます。

そうではなく、「私もそうなんだけど、人ってこういうもんだよね」という視点で書いた質問文が「自分を含む全人類への問いかけ」です。

●（私もそうなんだけど）なぜ、部屋は片付けても散らかるんだろう。
●（私もそうだけど）早起きしようと決めても、どうして続かないんだろう。

というような書き方は、受け手に安心感を与えます。

とくにSNSやブログで自分の発信に興味を持って読んでくれる人は「そのジャンルのことに対して、わかっているけどできない人」です。片付けが大事なことはわかっているけど、でもできない。1人ではうまくいかない。そう困っている人が読者です。それが大事だとわかっているけどできない人に「できてないでしょ」と質問すると、相手はドキッとはしますが、それは良いドキッではない。そういう質問を矢継ぎ早に投げかけてくる人に好意は持てないのです。

×「時間がない」と、いつも自分に言い訳ばかりしていませんか？
○「時間がない」といつも思うのはなぜなのか。

❹読者に選択権を与える

自分の意見は自分の意見として書きましょう。それを読者がどう受け取ろうと自由です。P.90に書いたように、これは私の意見だと、主語をはっきりさせて書きましょう。自分の意見をさも世の中の常識のように書くと、ある種の洗脳状態に読者を持っていくことができます。今までは、意図的にそういう文章が書かれてきたように思います。

- ママは家族の太陽です！
- ママが笑顔でいるのが、子どもには一番なんです！

これは、私が第1子出産後、目にするたびに呪っていた文章です。この手の美文（皮肉です）がネット上にはあふれています。私はいつも思っていました。「誰がそんなことを決めたの？　私の子どもに聞いたのか？」と。私ならこう書きます。

- ママは家族の太陽だと言われています。
- ママに元気がないと子どもも笑顔になれないかもしれません。

これだと抵抗なく読めます。受け取りやすいように書くというのはこういうことです。

❺感情の直接表現を減らす

これは少し難しいかもしれませんが、できるようになると文章が見違えます。

悲しいことに、読者は書き手の感情には一切興味がありません。「嬉しかった」「悲しかった」「とてもつらかった」と書かれても、その感情自体に共感はできないのです。ぐいぐい引き込まれる文章とは、読者をその世界の中に引き込んでくれる文章です。そのような文章は感情ではなく、シーンが書かれています。読者はそのシーンを読みながら、「(全く同じではないけれど)自分も同じような経験をしたなぁ」とか「ああ、私もそんな風になりたいなぁ」と感じるのです。小説を読んでその世界に入り込むのは、主人公や登場人物と一緒にその物語の中を生きている感覚がするからです。

読者を文章の中に引き込むには、感情を表す直接的な言葉をできるだけ減らすことが重要です(絵文字や顔文字は、感情を表す言葉よりも感情をダイレクトに伝えてしまうので文章の中には書かない方がベターです。コメントやメッセージでは便利ですが)。

たとえば、「私の起業ストーリー」や「創業からの紆余曲折」というテーマでブログ記事を書いている人は多いですが、〇〇がとてもつらかった、〇〇がすごく悔しかった、とだけ書いても伝わりません。その時の状況をシーンとして描くことで、読み手が「ああそれだったらつらいなぁ」「それは悔しいなぁ」と感じられるのが「共感」です。

嬉しい、楽しい、苦しい、悲しい、面白い、など感情を表す言葉を書くな、というと何も書けなくなってしまうので、書いたときは、どう言い換えられるかな？　と考えてみましょう。言い換えの方法は2つです。

❶シーンを描く
❷分解して書く

①シーンを描く
「とても暑い」をシーンで描くとしたら？

- 寝苦しくて何度も夜中に目が覚めた（デキゴトの描写）
- 朝から40度を超えているとラジオが言っている（数字）
- タンクトップに着替えても、汗が止まらない（体の変化）

②分解して書く
単に嬉しかった、面白かったと書くのではなく、**「なぜ」「どういうところが」「何が」を書くとより共感される文章になります。**

たとえば、私が美容師でお客様からメッセージが来て嬉しかったという投稿をするとします。

例

お客様から「髪型を変えたら気分まで変わりました。まるで別人みたいでテンションが上がりました」とメッセージをいただきました。とても嬉しかったです！

これだと、読んだ方は「あっそ」です。

そこで、

●なぜ嬉しかったのか？（WHY）
●どういうところが嬉しかったのか？（WHERE）
●何が嬉しかったのか？（WHAT）

を分解して考えてみます。

●なぜ嬉しかったのか？⬇自分の提案した髪型が気に入ってもらえたから。
●どういうところが嬉しかったのか？⬇わざわざメッセージをくれるほど、喜んでもらえたこと。

●何が嬉しかったのか？ ➡ 最近自分の仕事に自信を無くしていたけど、これでいいんだと思えたこと。

例・改定後

「まるで別人みたい」とお客様からメッセージ。今日、初めて来店してくださった20代の女性のお客様だ。就職してからずっと伸ばしてきた髪を切ってイメージを変えたいと新しい美容室に来られたのだ。私は思い切って、あごのラインの出るボブはどうですかと提案してみた。一瞬戸惑いの表情をされた後「お任せします」と言われた。そして店を出て30分もしないうちに、メッセージが届いたのだ。わざわざ送ってくださったんだと思うと胸の奥がじわっとあたたかくなる気がした。最近自分の仕事に自信を無くしかけていたけれど、これでいいんだと思えた。

なぜ？　どういうところが？　何が？　を入れ、シーンを描写するとこのような文章になります。美容師でなくても、働いている人なら誰もが共感できる余地のある文章になったのではないでしょうか。

自分をコンテンツ化した例④

ファンのコミュニティを作り、遠方からわざわざ通いたくなるサロンに

ヒーリングサロンを経営しているSさんは、セルフケアの方法をインスタグラムで発信していました。フォロワーは1万人以上。でも、インスタは趣味でやっているので、そのフォロワーさんを無理に自分のサロンに誘導するのはいやだと言っていたSさん。

無料で役立つ情報を発信しているうえに、小さな子どもがいても自分のペースで好きなことを仕事にしているSさんの働き方に憧れているフォロワーさんが多かったので、月額のオンラインサロンをつくることに。月1000円で、セルフケアの方法が動画で学べたり、グループ内で直接質問ができたり、Sさんの仕事の進め方や集客の仕方がリアルタイムで学べたりと好評です。

最初Sさんは、雰囲気のある写真を撮ったり、インスタグラムやフェイスブックでライブ配信をしたりを「普通にやっているだけ」「誰でもできます」「自分だけのノウハウなんてないのでお金をとれません」と言っていたのですが、自分では普通と思っていても、

それができない人にはお金を出してでも欲しい情報もあるのです。そして、やり方を教えてくれるだけではなくて、リアルタイムで挑戦し続けている人のやり方を学べるのが、オンラインサロンの魅力でもあります。

うまくできるようになってから発信しよう、人に教えるレベルになってから教えなきゃいけないと思いすぎの人も多いのですが、何にお金を出すかは、相手がそこに価値を感じるかがすべてです。自分では完璧と思った商品に誰も価値を感じてくれないことがあるように、自分ではまだまだと思っている商品を「お金を出して今すぐ欲しい」と思ってくれる人もいるのです。

インスタだけでなく、子どもの不用品をメルカリで売ったり、自分が撮った写真を販売したり。Sさんは、当たり前のようにして「小さく稼ぐ」方法を実際に自分で試しています。その方法は、すべてコンテンツ化し、動画教材やオンラインサロンで収益化。そこで濃いファンとなった人が、Sさんの働き方に憧れ「もっとこういうことを教えて欲しい」というリクエストが来て、また新たなコンテンツを発売する、というサイクルが生まれています。

そして、ファンとの固い信頼関係が生まれ、ムリに集客をしなくても様々な入り口からSさんを知った人がその人間性に惹かれて、遠方からもサロンに通ってくれています。

おわりに

何者かになりたい。ずっとそう思って生きてきました。幼少の頃から、友達が多く男子にモテる姉を横目で見ながら「私はお姉ちゃんとは違う戦い方をしないといけない」と心のどこかで思っていました。なりたかったコピーライターという職に就いてからも、パッとしない自分に焦り、「何者かになりたい」「自分の名前で仕事ができるようになりたい」とじりじりとした火種を抱えていたように思います。

誰もが自分のメディアを持って発信できるようになり、「何者かになりたい」と願う人が増え、「何者かにならないといけない」という時代の空気圧も感じます。

でも、ＳＮＳやブログを通して発信しながらゼロから仕事をつくってきて思うことは、**「何者かになりたい」と願うその「過程」こそが、既にストーリーであるということです。成功物語を完成させてから発表するのではなく、「今の自分」をさらけ出し、現在進行形の物語を人に見せていくこと。それが「何者かになる」一番の近道ではないでしょうか。**

それでもやっぱり、自分を出すことは怖いものです。表面上の、上っ面を書く方が、ラクだしカンタンです。自分の想いをまっすぐに書くことも、自分の過去を出すことも、怖い。でも、その「怖い」という感覚をちゃんと持ち続けながら、カッコいい言葉でなくてもいい、ズバッと一言にまとめなくてもいいから、本当に伝えたい部分を自分の言葉で書けるようになれば、それがきっと、一番伝えたい人の心に届く文章になる。

それが、「長く売れ続ける人になる文章」なのだと確信しています。

「こんなこと書いていいのかな」

「これを書いたらどう思われるだろう」

そう思う気持ちは、悪ではない。そんな風に感じない方が、怖いのです。

「自分のことを表現する」ことに恐れを持ちながらも、変わりたい、もっと自分を出したいという思いがあるのなら、人は変われる。

自分で自分の可能性に蓋をしてはもったいない。

発信は、自分にとっても、それを見てくれる誰かにとっても翼になるのです。

「こう書けば売れる」「これをやれば成功する」というノウハウは世の中にあふれています。でも、自分がしたくないことはしなくていいし、胸が嫌な感じでざわざわするようなことを、無理して書くこともないのです。

私は、私の中にある思いを、私の言葉で書いていく。
私の言葉を待っている人が、きっといると信じて。

だからあなたも、自分にしか書けないことを、自分の言葉で書いていってください。
この本がその一助になれば幸いです。

この本の感想や、本を読んで書いたキャッチコピーやブログ等の文章は、ぜひ「#ネット文章講座」とハッシュタグをつけて、ツイッターやフェイスブック、インスタグラムなどのＳＮＳでメンションを飛ばしてください。皆さんの「自分の言葉」を楽しみにしています。

さわらぎ寛子

さわらぎ寛子（さわらぎ・ひろこ）

コピーライター。コトバワークス株式会社代表取締役。

1978年生まれ。京都府出身。関西大学社会学部卒。コピーライターとして食品、美容、ホテル、学校、病院、製薬会社、電鉄など様々な業種の広告制作を手掛ける。書いたコピーは3万件以上。

「2時間でキャッチコピーが作れる」メソッドを独自で開発。現在は、東京・大阪・オンラインで「自分の言葉で仕事をつくる」をテーマにした講座を開催。自分メディアを使って集客したい、売上を上げたいと願う経営者や起業家から高い評価を得ている。私生活では、2男1女の母。

著書に、『キャッチコピーの教科書』（すばる舎）、『今すぐ自分を売り出す1行を作れ』（大和書房）。

【無料メルマガ】自分を売り出す言葉のチカラ
https://www.reservestock.jp/subscribe/38703

【さわらぎ寛子 ホームページ】
https://www.kotoba-works.com

ブックデザイン　永瀬優子（ごぼうデザイン事務所）、黒木亜沙美
編集　岩川実加

自《じ》分《ぶん》らしさを言《こと》葉《ば》にのせる 売《う》れ続《つづ》けるネット文《ぶん》章《しょう》講《こう》座《ざ》

2020年9月15日　初版発行

著　者　さわらぎ寛子
発行者　常塚嘉明
発行所　株式会社 ぱる出版
〒160-0011 東京都新宿区若葉1-9-16
03（3353）2835 — 代表
03（3353）2826 — FAX
03（3353）3679 — 編集
振替 東京 00100-3-131586
印刷・製本　中央精版印刷（株）

ISBN978-4-8272-1246-4 C0030